서래섬의 실루엣

서래섬의 실루엣

배명란 수필집

문학신문 출판국

여는 글

　어려서부터 글을 읽는 일이 좋았습니다. 책을 구하기 쉬운 환경에서 자랐더라면 더 많이 읽어서 쉽게 글을 썼을지도 모르겠습니다. 읽기만을 좋아했는데 쓰는 일까지 하게 된 것은 회원지를 떳떳하게 얻어 읽고자 백미 회원이 된 탓입니다. 한 번 발 들여놓으면 얼른 빠져나오지 못하는 어수룩함도 여기까지 오게 만들었지만 선배들의 영향이 크다 하겠습니다. 그분들은 글쓰기가 좋은 사람됨에 도움이 되나 보다 하는 생각을 하게 해 주셨지요.

　글쓰기의 달인인 소설가도 하루만 쓰기를 거르면 필봉이 무디어진다면서 매일 쓸 것을 권하였습니다. 초보자인 저는 더 많이 읽고 썼어야 했는데 쓰는 일보다는 우선 눈앞에 놓인 일, 쉽고 즐거운 일들을 먼저 하느라 쓰기는 언제나 미루는 일이 되었습니다. 시간이 가면 더 많은 글을 쓸까 하여 여러 해를 보냈지만 다른 문우들의 책이 나올 때마다 점점 움츠러들기만 했습니다. 글쓰기는 제가 잘할 수 있는 일이 아님을 깨달았음에도 쉽게 밀쳐 내지 못했던 결단력 부족과 게으름이 결국 글을 엮는 일까지 하게 되었습니다. 헤아리기 어려울 만큼 쏟아져 나오는 책들 속에 부족한 제 것도 끼게 되어 부끄럽습니다. 책을 내면 더 나은 글을 쓰려는 마음 다짐이라도 새롭게 하게 될까 하여 용기를 냈습니다.

　중학교까지만 농촌에서 살았는데 저는 여전히 고향 마을을 잊지 못합니다. 제 삶의 기억이 풍요롭다면 아마도 자연 속에서, 대가족 속에서 성장했기에 가능했던 일이라고 생각합니다. 평생을 학교 안에서 어린이들하고만 살았기에 좁은 시야의 글일 수밖에 없음을 고백합니다.

　미흡한 글도 마다하지 않고 지도해 주시고, 부족한 작품을 평론으로 빛내 주신 권대근 교수님께 감사드립니다. 글쓰기의 본을 보여 주신 백미의 선배님들, 문학미디어의 박명순 회장님과 문우님들, 함께 글쓰기 시간을 가진 문학신문의 문우님들과 책 내기를 종용해 주신 이종기 사장님, 조죽희 국장님께도 고맙다는 말씀 드립니다. 가끔 제 글의 독자가 되어 날카로운 비판을 아끼지 않은 남편과 아이들에게도 고마움을 전합니다. 그리고 두 번째의 책은 좀 더 짧은 세월이 소요되기를 희망해 봅니다.

　　2019년 가을
　　서래섬에서 배명란

차례

여는 글 ···· 4

제1부 서래섬의 실루엣

내 나무 ···· 10
서래섬 단장 ···· 16
산책길 단상 ···· 20
접시꽃 ···· 24
숲 마을 ···· 29
가루받이 ···· 34
사십 년 지기 ···· 39
애완 오리 ···· 44
서래섬의 실루엣 ···· 49
Seorae Island's Silhouette ···· 54

제2부 행복지수 높이기

장닭 ···· 62
닭 농사 ···· 67
행복지수 높이기 ···· 72
양돈기 ···· 77
아이바라기 ···· 82
어머니의 망향가 ···· 87
창치 오빠에게 바치는 애가 ···· 92
대쪽 ···· 97
소나기 뒤의 무지개 ···· 104
내 삶을 지키는 단어 ···· 110
아버님의 유산 ···· 115

제3부 뒤늦은 숙제

영재교육 ···· 124
뒤늦은 숙제 ···· 130
어떤 출산 ···· 136
작은아버지 ···· 141
장례식 단상 ···· 146
내가 좋아하는 것들 ···· 151
소고삐를 잡다 ···· 156
개학 없는 방학 ···· 161
운수 좋은 날 ···· 166
운 없는 날 ···· 171

제4부 내 강아지

아직은 원해도 되려나 ···· 178
내 강아지 ···· 183
봄비 ···· 189
빚 ···· 194
내부 수리 ···· 199
어머니를 추모하며 ···· 203
존경하는 교장 선생님께 ···· 212
3박 5일의 선물 ···· 216

〈평설〉
식물성적 사유와 주변부 타자의 담론 ···· 225

제1부
서래섬의 실루엣

내 나무

전에 살던 아파트에 5층 높이만큼 키가 큰 오동나무가 있었다. 아파트는 35년쯤 되었을 터인데 나무는 몇 살쯤인지 늘 궁금하였다. 여름이면 종 모양의 보라색 꽃이 피어 향기가 매우 좋았다. 높은 곳에 피어 있는데도 냄새를 맡을 수 있었으니 그 향기가 꽤 강한가 보다. '나무가 있었다.'로 시작한 것은 그 오동나무가 5층 아파트를 고층 아파트로 탈바꿈시킬 때 잘려 나가고 말았기 때문이다. 베어진 지 칠팔 년이 넘었고 이제는 이웃이 된 그 길을 지날 때면 아까운 그 나무가 어머니의 '내 나무' 이야기와 함께 생각난다.

어느 해였을까. 어머니가 그 오동나무를 보시더니 '내 나무' 이야기를 들려주셨다. 어머니가 아직 떡애기일 때 외할아버지는 울안에 오동나무를 심었단다. 우리 조상들은 아들을 낳으면 잣나무를 심고, 딸을 낳으면 오동나무부터 심었다더니 할아버지도 그러셨다. 오동나무는 빨리 자라서 딸을 시집보낼 때쯤 장롱이나 화장대 등을 만들 수 있었기에 '출가목'이라고도 했다 한다. 할아버지는 어린 딸을 예뻐하였지만 오래 사랑해 주지는 못하였다. 요즘의 공무원이었던 할아버지가 공금을 많이 갖고 밤이 늦어 사무소에 못 가고 집으로 오는 길이었다고 한다. 돈을 갖고 있으니 얼마나 마음을 졸이고 왔을까. 산길에서 커다란 짐승이 툭 뛰어나오는 것을 도적인 줄 알았다 한다. 나랏돈을 빼앗기게 되는 줄 알고 놀란 가슴이 병이 되었나. 밤새 진땀을 흘리며 숨을 편안히 쉬지 못하다가 다음 날 불러온 의사에게 침을 맞고 겨우 진정되어서 모두들 한숨 돌리게 되었다.

왕진비를 넉넉하게 받은 의사는 돌아가는 길에, 오후 한나절 거나하게 술잔을 기울이다가 큰비를 만났다. 외가 동네에는 넓은 들 사이에 큰 내가 있어서 비가 많이 오면 물이 빠질 때까지 왕래가 어렵다. 집으로 가지 못한 그 의사는 잠자리를 얻기 위해 다시 외가로 왔다. 그냥 재워 달라고 하기 미안했나. 환자를 한 번 더 보고 침 한 번 더 놓자 하더니 술김에 놓은 침이어서 그랬을까. 그 밤에 할아버지는 유명을 달리하셨다고 한다. 외증조할머니는 오동나무를 보면 아들이 생각난다고 베어 내라 하였다. 엄마는 아버지 표 사랑인 '내 나무'와 함께 자라기를 바랐나 보다. 나무가 베어진 것이 세 살 아기 시절 이야기인데도 아쉬운 마음을 보였다. 나무가 안 보인다고 가슴에 묻은 아들이 잊히랴.

증조할머니는 손녀가 어렸기에 '내 나무'를 보며 아버지를 그릴 것이라는 생각은 못 하였나 보다. 삼 년을 자란 나무면 지붕 높이만큼 컸을 텐데, 마루에서 잘 보이던 나무는 아들과 동일시되었을까. 그렇다면 더더욱 자라게 두었어야지. 나무를 잃은 외할머니의 섭섭한 마음이 엄마에게, 또 나에게까지 전해 내려왔다.

몇 해 전 어느 이른 여름날, 모임에 가는 길이었다. 음식점의 현관과 두어 발 떨어진 곳에 오동나무 싹이 보였다, 보도블록 사이를 막 비집고 나온 듯한, 새끼손가락 한 마디쯤 되는 크기였다. 어디서 날아온 씨앗일까. 이틀 전 내린 비에 싹을 틔웠나 보다. 그냥 두면 지나는 사람들의 발에 밟히거나 자동차 바퀴에 으깨어질 것 같았다. 내 눈에 띄어 운이 좋은 아기 오동나무를 이쑤시개로 조심스럽게 파 올렸다. 갓 태어나 뿌리도 약하고 보도블록 틈이라서 붙어 있는 흙 알갱이도 얼마 되지 않았다. 적신 휴지와 함께 종이컵에 담아 놓고 잊을세라 마음을 썼다. 화분에 심은 오동나무는 부쩍부쩍 자라더니 곧 한 뼘이 넘었다. 어항의 크기가 물고기의 크기를 정한다니 화분의 식물도 마찬가지 아니냐. 작은 화분에서는 더 자라지 못할 것 같아 넓은 땅에 옮겨야 했다. 궁리 끝에 내가 잘 가는 서래섬의 산책길에 심어 주었다. 큰 태풍 때 나무가 무더기로 쓰러져 수양버들길이 끊긴 그곳, 내가 가꾸는 꽃밭 옆에 심어 놓으면 아파트에 있던 그 나무만큼 자라지 않을까. 자라지 못한 어머니의 나무

대신으로 삼을까. 꽃을 피워 향기도 날려 주고 그늘도 주겠지.

오동나무는 하루가 달랐다. 어쩌면 저렇게 잘 자랄까 싶었다. 산책 때마다 들여다보는데 볼 때마다 키를 키우고 굵기를 더하고 있었다. 잎도 커져서 아이들 소꿉놀이에 쓰는 우산도 할 수 있겠다 싶었는데 어느 날 무참히 베어져 있었다. 장마철 지나고 풀이 무성해지자 풀과 함께 오동나무까지 베어 버린 것이다. 놀라운 일은 그 오동나무, 내게 좌절이란 없다고 선언하듯이 곧 다시 줄기를 내고 키를 키우기 시작하였다. 기뻐하기도 잠시, 또다시 베어지자 풀 베는 분들의 처분만 바랄 수 없었다. 나는 한강 관리사무소에 찾아갔다. '꽃은 베지 않아서 고맙다, 오동나무도 베지 않으면 더 고맙겠다'는 말을 하기 위해서였다. 나는 담당자로부터 풀 베는 아저씨들에게 말씀을 드리겠지만 기대하지는 말라는 대답을 들었다. 곧 자라서 산책하는 사람들에게 그늘을 줄 터이니 잘 부탁한다고 간곡히 다짐하고 왔지만, 나무는 또 베어져서 그해에만 모두 세 차례나 잘렸다. 다음 해에도 자라다 베어지기를 몇 번 더 하는 아픔을 겪고도 뿌리가 살아 있는 오동나무는 다시, 또다시 줄기를 뽑아 올려 생명을 이었다.

작년이다. 키가 큰 노랑 코스모스가 영역을 넓혀 오동나무 주변을 둘러쌌다. 아저씨들도 밭둑 주변만 풀을 깎고 강둑 쪽은 깎지 않았다. 나중에 강둑까지 깎을 때도 노랑 코스모스 가운데 서 있는 오동나무는 그냥 두었다. 꽃은 안 벤다더니 꽃 속에 있어서 살아남았나. 서래섬에 걸으러 나가다가 멀리서부터 마른 풀 냄새가 향긋하면 학습된 머리가 신호를 보내는가. 이내 가슴이 뛴다. 풀을 벴구나, 오동나무는 무사할까. 나이 들어 여간해서는 달리지 않는데 이때만큼은 가슴을 졸이며 뛰어간다. 그리고 오동나무가 그대로 서 있으면 휘 큰 숨을 내쉰다. 내가 이럴진대 풀 깎는 소리가 가까워질 때마다 오동나무는 얼마나 떨까. 위잉 소리가 나고 베어진 게 예닐곱 번은 될 테니 오동나무도 이제는 알아차릴 듯싶다. 용하게 위험을 피한 오동나무는 내 턱밑까지 자랐다. 한 해에 어른 키만큼씩 자란다는데 보호자이며 경쟁자인 꽃 속에서 자라느라고 더 못 컸으리라. 삼 년을 그냥 두었다면 사오 미터는 자랐을 것 아닌가. 키만 키운 오동나무는 지난겨울 막대처럼 서 있었다. 올해는 아마도 가지를 내지 않을까.

오동나무가 그렇게 빨리 자라는 까닭은 커다란 잎 때문이란다. 비 오거나 햇볕이 강할 때는 머리를 가릴 수 있을 만큼 잎이 넓다. 그 큰 잎이 광합성 공장이니 생산해 낸 많은 영양소가 고스란히 자라는 데로 쓰이리라. 해바라기의 키가 쑥쑥 크는 까닭도 오동나무 잘 크는 이치와 같겠다. 오동나무는 봄에 늦게 잎을 내놓고 단풍도 안 든다. 기온이 내려가면 잎자루째 툭툭 떨어져 잎이 붙었던 자리만 오목오목

홈으로 남아 있다. 수십 그루의 수양버들은 잎 색깔을 바꾸지도 않고 늦게까지 잎을 달고 있는데 작은 오동나무 한 그루가 서래섬에 가을이 왔음을 제일 먼저 알렸다. 단풍이 아닌 낙엽으로 말해 주었다. 오동나무 잎에 단풍이 든다면 어떨까. 그 커다란 잎이 붉은색이나 노란색의 눈에 잘 띄는 색이 아니어서 다행이라는 생각이 든다. 잎이 크면 색은 수수해야 하고, 잎이 작으면 색이 고와도 좋을 것 같아서다.

올해도 노랑 코스모스꽃의 보호를 받아 키를 훌쩍 키운다면 나무의 입지가 확실해지리라. 그들도 크고 굵어진 나무를 더 이상 베지는 않겠지. 얼마나 더 자라면 꽃을 피울까. 오동나무 향기로 지나가는 사람 모두 코를 움찔거릴 날을 그려 보니 즐거워진다. 그들은 어디선가 날아온 씨앗이 저절로 싹트고 자랐다고 생각할 것이다. 많은 나무가 그러하니까. 다 자라지 못한 어머니의 나무가 안타까워 심은 오동나무, 넓은 그늘도, 좋은 냄새도 다오. 잘 자라서 사랑받는 '우리들의 나무'가 되렴.

(2018년)

서래섬 단장

 나는 꽃씨를 보면 무조건 받아 둔다. 어려서부터 집 둘레를 돌아가며 받아 둔 씨앗을 뿌리고 돌보는 일이 내 놀이였다. 교사가 되고 나서도 학교 꽃밭을 보면 어렸을 때 놀이가 되살아나서 가는 학교마다 꽃씨를 뿌리고 가꿨다. 다 못 뿌려진 씨앗 주머니를 보면 옛날이야기가 생각난다, 이야기를 듣기만 하고 주머니 속에 가둬 둔 총각이 장가드는 날 갇힌 이야기들로부터 혼날 뻔했다는. 그래서 다 뿌리지 못한 씨앗들을 보면 미안해진다. 그들은 땅에 뿌려져 꽃을 피우고 싶을 것이다.

 서래섬을 걸으면서 꽃도 보고 싶어서 작년 봄부터 꽃씨를 뿌리기 시작하였다. 아파트의 내 꽃밭은 오랫동안 가꿔온 탓에 손이 많이 가지 않아도 된다. 더구나 아파트 재건축이 예정되어 있기에 이왕이면 꽃들이 오래 살 수 있는 곳에 정성을 들여야 할 것 같았다. 집에서 좀 멀지만 자주 가는 곳이니 관리할 수 있다. 꽃밭을 만든 곳은 곤파스 태풍 때 나무가 다 쓰러져 풀만 무성한 곳이 70m쯤 되는데 그 중간의 길 양쪽이다. 정원 가꾸기의 전문적인 지식도 없이, 자투리 시간 좀 있고 꽃이 있거나 잡초 제거하기 좋은 날이면 나간다. 그러니 특별할 것 없이 초록이 지천인 곳에 색깔 고운 꽃이 있어 눈에 띄는 정도라고 할까. 모자와 색안경을 쓰고, 가능하면 사람들이 다니지 않는 시간을 이용한다. 작년에 씨앗을 심어 일 년 자란 접시꽃은 올봄에 씩씩하게 자라 꽃을 많이 피웠다. 지나는 사람마다 그것을 보고 카메라를 꺼낼 때는 흐뭇했다. 접시꽃 다음으로 다른 꽃들이 끊임없이 꽃을 피워서, 볼 때마다 행복하다. 꽃밭을 가꾸는 중에 인사도 몇 차례 받았다. 심는 꽃 이름이 뭐냐, 수고해 주시니 눈이 즐거워 고맙단다.

작년 어느 날, 이곳을 지나던 60대 남자분이 접시꽃이 씨앗을 뿌려서 자랐다는 말을 듣고 "그렇군요. 이 꽃밭의 주인이시네요. 씨가 날아왔나 궁금했는데. 아무래도 가꾸는 흔적이 보였습니다. 정말 좋은 일을 시작하셨어요. 저도 꽃 가꾸기를 좋아하니 함께 해도 될까요?" 하셨다. "주인이 어디 있나요. 함께 해 주시면 고맙지요." 동참자가 생기니 좋은 점이 많다. 꽃 종류가 늘고, 때로는 잡초 뿌리들을 뒤집어주어서 풀 제거하는 일이 수월하다. 남이 시작한 일에 선뜻 나서서 동조하기가 쉬운 일은 아닌데 나는 든든한 조력자, 후원자를 만난 셈이다. 암 투병하는 친구를 위해 함께 머리를 깎는 반 친구들처럼, 일인 피켓 시위에 함께 서 주는 동료처럼, 나의 뜻을 지지해 주는 사람이 있어 힘이 난다. 더구나 누구라도 함께 가꿀 수 있는 공간이라는 사실까지 알려지면 더 좋으리라.

　나무가 없는 그곳에 오동나무를 옮겨 심었더니 무성하게 자랐다. 제법 자란 오동나무를 자꾸 베어서, 베지 말아 달라고 부탁하면서 꽃은 베지 않아 고맙다 했다. 한강공원 관리소 담당자는 공유지이니 아무것도 가꾸지 말라 한다. 채소 등을 심어 놓고 권리를 주장하는 일이 있어서 그렇단다. 채소는 안 심는다고 했더니 그러면 가꾸라며 선심을 쓰듯 허락을 했다. 채소는 사유물이니 안 되고, 꽃은 다 함께 보고 기뻐하는 공유물이니 되고, 오동나무 아니었으면 허락 없이 꽃밭을 가꿀 뻔했다.

　"허 거참. 가꾸는 사람도 있는데 뽑다니요." 함께 가꾸시는 분이 보고 더 안타까워했다. 초여름 내내 화려한 꽃을 피운 접시꽃 대를 잘라 주었더니, 누군가 뿌리를 가져가려 했나 보다. 2.5m 높이로 자랐으니 뿌리가 얼마나 깊겠는가. 손으로 뽑아 보려고 마구 흔들었는지 줄기는 으깨지고 뿌리는 뽑히다 끊겼다. 내년에도 멋진 꽃을 보여 줄 텐데 아까운 일이다. 부채처럼 넓은 꽃을 피우는 색깔 고운 맨드라미도 수난을 당한다. 작년에도 누군가 뽑아 가더니 올해는 뿌리가 깊어 부러뜨려서 버려 놓았다. 뽑아 가고 싶을 만큼 꽃을 좋아하고 꽃밭을 눈여겨보는 분일 테니, 그도 언젠가는 꽃밭 가꾸기의 동참자가 되리라 스스로 위로해 본다.

좋아서 하는 꽃밭놀이이기는 하지만 때로 고생스럽다. 하지만 어쩌랴, 벌인 일이니 죽게 할 수는 없다. 길 양쪽으로 30㎡쯤 될까 말까 한 꽃밭이 볼 때마다 돌봐 달라고 손 내밀어 그냥 지나치지 못한다. 특별한 곳이니 들여다보게 되고, 매일 무섭게 자라는 풀 때문에도 발길을 붙잡는다. 그것도 농사라고 비를 기다리기도 하고, 그만 그치기를 바라기도 한다. 옮겨 심은 다음에는 물도 주어야 한다. 지난 장마 때 한강 물이 불어서 쓸려나간 꽃과 흙탕물을 뒤집어써서 볼품없어진 꽃이 생겼다. 강 가운데라는, 안전지대가 아닌 곳에 만든 꽃밭이니만큼 감수해야 한다. 그게 꼭 나쁜 것만은 아니었나, 범람 후에 꽃들이 더 튼튼해졌다. 반갑지 않은 잡초까지도.

작년보다 올해, 꽃밭을 두 배로 넓혔다. 내년에도 더 넓힐 생각이다. 혹시나 힘을 합치겠다는 동참자가 많아진다면 더 기쁘게, 더 쉽게, 더 넓게 꽃밭을 만들 수 있지 않을까. 작은 시작이 크고 좋은 결과를 가져왔으면 한다. 해 넘기던 씨앗이 제 소임을 다 하고 거기 더하여 서래섬이 나무와 꽃이 함께 자라는 아기자기한 공원이자 아름다운 산책길로 거듭나는 날을 기다려 본다.

(2016년)

산책길 단상

　내가 잘 가는 서래섬은 인공섬이다. 80년대에 올림픽대로가 건설되고 한강공원을 조성할 때 만들었다 한다. 남쪽에 가까운 섬은 강폭을 나누면서 북쪽은 곧은길, 남쪽은 꼬불길로 둘레가 1km쯤 된다. 한 바퀴 도는데 2,000 보가 조금 안 되고, 십여 분 정도 걸린다. 긴 세월을 한강 변에 살면서 집 뒤에 좋은 걷기 코스를 두고도 못 나가다가 퇴직 후에야 이용하니 흘려보낸 세월이 아깝다. 그때부터 자주 나와 걸었더라면 더 건강했을까.

　2010년 가을 무서운 태풍 '곤파스' 때, 전국의 나무들이 부러지고 뽑히는 큰 피해를 보았다. 그때 서래섬의 수양버들도 1/4쯤은 쓰러졌다. 그 나무가 치워지는 데도 삼사 년은 걸렸지 싶다. 지금은 살아남은 수양버들이 치렁치렁 긴 머리를 날린다. 부지런해서 새잎을 일찍 내어 봄을 빨리 알리는 나무, 다른 나뭇잎 다 떨어져도 단풍이 들지 않은 나무, 희끄무레한 잎을 늦게까지 달고 있어 일을 오래 하는 나무이다. 큰 나무둥치에 비해 그늘의 면적은 다소 좁은 편이다. 가지를 축축 늘어뜨리고 있기 때문이다. 꽃은 눈에 잘 띄지 않아도 하얀 솜 가루는 많이 날려서 꽃가루 철에는 사람들을 돌려보내기도 한다. 특징 있는 나무이지만 단풍이 들지 않아 가을엔 매우 심심한 나무이다.

한강 변 둑이 시멘트로 도배되어 강이 자정 능력을 잃었다는 비판이 일더니 둑의 시멘트를 걷어내고 큰 돌과 자갈로 바꾸었다. 올해는 서래섬 남쪽 끝자락 밭에 잔디를 깔고 가장자리에는 꽃나무를 좀 심었다. 돔 모양의 철 구조물도 세우고 장미 덩굴을 얹어 야외 결혼식장으로도 이용하란다. 그네 의자와 테이블까지 놓으니 산책길에 휴식공간이 생기고 수십 명의 낚시꾼까지 한강 풍경으로 어우러진다. 밤에는 강 속에 빠진 가로등의 불기둥, 불 밝힌 유람선, 세빛섬의 빛 쇼, 무지개 분수를 보며 걸으니 결석한 가로등이 많아도 불편을 못 느낀다. 강물 밖으로 뛰어오르는 물고기까지 한몫을 하고, 시내 한복판에서 달구경까지 하니 이런 호사가 없다. 멋진 야경 때문에 데이트족과 외국인도 오고, 드라마 촬영도 한다. 밤에는 볼거리가 많지만, 낮에도 걷다 보니 바라는 일도 생긴다. 섬 둘레에 잡초 대신 꽃이 더 많았으면, 나무 그늘 길도 더 우거졌으면 좋겠다는.

서래섬에서는 봄에 '유채꽃 축제'를 한다. 축제가 끝나면 금방 명아주밭이 된다. 팔월 하순이 되어야 메밀을 심고, 9월에는 '메밀꽃 축제'로 사람들을 불러 모은다. 두 번의 축제를 위해 잡초밭이 되거나 갈아엎어 빈 밭이 되는 시간이 너무 길다 싶다. 한시적인 축제보다는 다양한 종류의 꽃을 심어 '매일의 축제'가 되는 것이 더 좋지 않을까. 초기 비용은 들겠지만, 여러해살이꽃들은 해마다 영역을 넓히고, 한해살이는 다음 해부터 뿌리지 않아도 스스로 돋지 않는가. 풀 뽑아 주고 부족한 곳에 꽃을 보충해 주면 연중 세 계절은 꽃을 볼 수 있으리라. 귀한 땅을 잘 활용하는 방법이 아닐까.

남이섬을 잘 가꿔서 유명 관광지로 만든 분이, 제주에서 무슨 식물원인지 공원을 만드는데, 독지가들의 자원봉사와 씨앗을 받는다는 신문 기사를 보았다. 서래섬에서도 그렇게 한다면 나도 모은 씨앗을 가지고 자원봉사 하러 뛰어나가겠다. 그리되면 한강 관리소만의 관리가 아닌, 주민들도 함께 가꾸는 공원이 되어 섬도 훨씬 사랑받을 것 같다. 더 나아가서 주민들의 협조를 얻어내는 확실한 방법은 주말농장으로 분양하는 것이다. 꽃 반, 채소 반씩 섞어 심게 하면, 볼거리 제공으로 봉사하고 채소 수확으로 소득도 얻어 일거양득, 한강공원 관리의 비용 절감까지 일거삼득이다. 아름다움과 실용이 함께한 명소가 될 것 같아 생각만 하고도 혼자 기쁘다. 사람마다 특색 있는 꽃밭을 만들면 상설 정원 박람

회장이 되지 않을까. 채소밭을 지키는 사람이 필요하다면 일자리도 생기는 거다.

　사람의 손길이 너무 드러나 보이는 도시의 꽃밭도 생각해 봐야 하지 싶다. 같은 종류의 활짝 핀 꽃만 몇 차례씩 바꿔 심는 고비용 꽃밭에서 감동하지 않는 것은 나뿐일까. 한쪽에선 싹이 나서 자라고, 다른 쪽에선 꽃이 피고 지고, 땅이 길러내는 꽃들의 생육 과정이 보여야 꽃밭답지 않은가. 다양한 종류의 꽃들이 서로 어울려 빼곡해야 자연스럽다는 생각은 나만 하는 것인지. 빈 땅이 보이게 활짝 핀 꽃들이 줄지어 있는 것은 사람 손길이 너무 드러나 보인다. 자로 잰 인공의 도시에 끼워 넣는 꽃밭이니 무심한 듯 자연스러워야 하리라. 우거진 푸른 화단에 몇 송이의 꽃만 피어 있어도 충분히 예쁠 것 같다.

　걷는 것이 즐거워지려면 볼 것이 더 풍성해야지 싶다. 그동안 지자체들은 경쟁하듯 더 나은 환경을 만들기 위해 애써 왔기에 전보다 많아진 녹색 환경이 고맙다. 내가 아끼는 서래섬도 잘 관리되어 왔지만, 한발 나아가 저비용 고효율의, 주민 스스로 참여하는, 개성 있는 섬 가꾸기를 하면 좋겠다는 바람이 있다. 내가 모아 둔 꽃씨 봉지를 들고 자원봉사 하러 나갈 그날은 언제일까, 오기나 할까.

　(2016년)

접시꽃

어느 해 여름방학 연수 중이었다. 강의실에서 이론 공부를 마치고 현장 연수에 나섰다. 국도변을 달리던 버스 안에서 초록에 지친 눈이 졸음에 겨울 때, 갑자기 나타난 진분홍의 접시꽃이 정신을 번쩍 들게 했다. 시골집 울타리 밖의 한 무더기 꽃은 온통 초록인 산과 들 속에서 눈을 빛내게 만든 고운 색 브로치라고 할까. 지나는 사람을 기쁘게 하려는 봉사인가. 울 밖에 심었으니 함께 보자는 꽃이 아니랴. 자신도 들며 나며 즐겁겠지만 차를 타고 지나가는 사람들을 위한 배려가 아니었을까. 접시꽃은 어려서부터 지금까지 내 꽃밭을 빛내는 꽃이다.

이십 년 전, 지금 사는 아파트에 이사 오던 봄에도 뜰 한 쪽에 접시꽃 씨를 뿌렸다. 꽃밭 영역이 분명치 않아서였나. 관리하는 아저씨들이 풀 깎을 때 접시꽃도 함께 깎기를 거듭하고 있었다. 풀을 깎는 분들을 만나기는 매우 어려웠다. 나는 주민 대표에게 접시꽃을 기르니 우리 동 앞의 꽃밭에서는 주의해 주시면 좋겠다는 이메일을 보냈다. 그분은 꽃밭을 가꾸어 주어 고맙다는 인사와 함께 도종환 시인의 시 '접시꽃 당신'의 전문을 보내왔다. ……/ 당신과 내가 함께 받아들여야 할/ 남은 하루하루의 하늘은/ 끝없이 밀려오는 가득한 먹장구름입니다./ 처음엔 접시꽃 같은 당신을 생각하며/ 무너지는 담벼락을 껴안은 듯/ 주체할 수 없는 신열로 떨려 왔습니다./ …… 시인이 머지않아 떠날 아내, 투병하는 아내를 지켜보며 애틋한 마음을 절절히 담아낸 이 시는 많은 이들에게 감동을 주었고, 그 유명세에 나도 시집을 샀다. 이 시집 덕분에 접시꽃의 이름이 많은 사람에게 각인되지 않았을까.

작년 여름이었다. 박달재 근방에 별장을 짓고 주말농장을 가꾸는 친구의 초대를 받았다. 산비탈에 널찍널찍 자리 잡은 이십여 호의 집들도 예뻤지만, 더 좋은 것은 길가를 가득 메운 접시꽃들이었다. 색색의 꽃이 울타리를 이루어 동네 전체를 꽃 대궐로 만든 장관은 기대하지 않았던 뜻밖의 즐거움이었다. 별장마을 특성상 주인들이 집을 비울 때가 많으니 꽃이 대신 방문객을 맞이해 주는가. 길 양쪽에 늘어서서 환하게 맞아 주는 꽃들의 환영은 참으로 각별하였다. 국군의 날 행사가 있던 시절, 군인이던 친척 아저씨가 행진 연습을 마치고 와서 '키 크고 멋지게 생기니 힘들다.'며 고교생이던 내게 자랑 같던 엄살을 하던 생각이 났다. 퍼레이드에 뽑힌 군인처럼 접시꽃은 키도 크고 예쁘니, 주민 회의에서 마을 길의 꽃으로 뽑았나 보다. 나는 동네 초입부터 맨 꼭대기 친구 집까지, 촘촘히 줄지어 선 접시꽃 의장대를 사열하는 재미에 몇 번을 더 오르내렸는지 모르겠다. 돌아올 때도 자꾸만 돌아보게 된 친구네 꽃마을, 올해도 그 산비탈 동네를 접시꽃 꽃등이 환히 밝히고 있으려나.

접시꽃 마을을 둘러보고 와서 나도 아파트 단지 외곽, 한강공원 가는 길에 접시꽃 씨를 뿌려야겠다고 생각했다. '그 동네처럼 접시꽃이 산책길에 길게 늘어서게 해야지.' 구월에 뿌린 접시꽃 씨앗은 가을 동안 자라고 올해 봄 들어 부쩍부쩍 자랐다. 그런데 이상하다. 접시꽃만이 아니고 루드베키아, 금계국도 함께 싹이 나서 자란다. 내가 과연 이들도 뿌렸을까. 접시꽃과 달리 대부분의 씨앗들은 땅에 떨어져도 바로 돋지 않고 봄을 기다린다. 철을 모르고 돋았다가 겨울을 맞으면 씨도 못 맺고 죽고 말기에 식물이 터득한 후손 남기기 방법이라고 한다. 루드베키아와 금계국은 어떨까. 가을에 돋을까 새봄에 돋을까. 실험 삼아서 뿌린 것도 같고 생각에 그친 것도 같다. 접시꽃이 피면 내가 심은 것인지 아닌지가 확실해질 것 같았다. 어려서부터 내 꽃밭에는 진분홍 접시꽃만 심지 않았던가. 곳곳에 씨를 뿌리고 꽃밭을 만들고 다닌 습관성 행사가 불러온 착각이었나. 유월 들어 갖가지 색깔의 접시꽃이 피어서 나는 남몰래

낯을 붉혀야 했다.

그러고 보니 재작년 일이 생각난다. 서래섬 내 꽃밭에서 사람들의 발걸음을 붙잡던 접시꽃이 씨가 여물고 그 씨앗을 다시 심어 싹이 돋았다. 그것을 들여다보고 있는 내게 지나가던 할아버지가 '내가 여기에 씨를 뿌렸어요.' 하였다. '저도 뿌렸는데요.' 했더니 '그럼 아주머니가 뿌렸나 보지요.' 하고는 휙 지나간다. 그때는 참 이상히 여겼는데 그분도 나처럼 심겠다는 마음이 심은 것으로 생각하게 되었을까. 함께 가꿔 주시니 고맙다고 했으면 좋았을 것을, 에두르지 못한 대답이 제삼의 동참자를 잃게 한 것 같았다. 흰 접시꽃 뿌리가 여자들에게 좋다고 어머니는 뒤뜰에 심어 두고 이웃에게 나눠 주셨다. 별장에 초대해 준 친구도 흰 접시꽃 뿌리를 가득 담아 주어 옛일을 떠올리게 했다. 깊이 뻗은 뿌리를 캐느라 얼마나 힘이 들었을까. 나도 올가을에는 진분홍 꽃만 고집하지 말고 약이 된다는 흰 접시꽃 씨도 뿌리려고 한다. 흰 꽃은 밤에 돋보이니 해 저문 뒤 걷는 사람도 꽃을 즐길 수 있지 않을까. 천연의 약초를 좋아하는 이 있어 흰 꽃 뿌리를 캐 가면 그도 좋은 일이리라.

따리 모양의 씨앗이 접시를 닮아서 접시꽃이라 한다지만, 내게는 꽃 모양도 크기도 접시를 닮아 보인다. 이름도 소박하게 잘 붙인 접시꽃, 사람들은 이제야 접시꽃의 진가를 알게 되었을까. 전보다 자주, 곳곳에서 만나니 반갑다. 꽃에 무심할 수는 있지만 싫어하는 사람은 없다. 어떤 꽃이건 심고 가꾸는 사람이 많아지기를 바란다. 보기만 하는 것보다 가꾸게 되면 꽃이 훨씬 더 사랑스러워지리라. 사랑을 가지고 보면 예쁘지 않은 꽃이 어디 있으랴.

(2017년)

숲 마을

'마을엔 숲이 있어야 한다.' '인생 후르츠' 영화에 나오는 츠바타 슈이치 씨의 생각이다. 카메라가 멀리서부터 츠바타 부부의 땅을 클로즈업시켜 가는데 집은 나무가 덮고 있어 잘 보이지 않는다. 삼백 평 넓은 땅에 열다섯 평의 작은 통나무집을 뺀 나머지 땅은 꽃밭과 텃밭과 숲이니 집은 가까이 가서야 겨우 찾을 수 있다. 집은 녹색 섬 속에 안겨 있었다. 다큐멘터리의 주인공은 일본인 부부, 90세의 건축가 남편 츠바타 슈이치와 87세의 부지런한 아내 츠바타 히데꼬이다. 노부부가 풍성한 과일들을 수확하는 것부터 보여 주니 과일나무들과 숲이 그들 삶의 결실 '인생 후르츠'인가.

전쟁 후, 일본 나고야시 교외에 뉴타운이 건설되기 시작했다. 젊은 날의 츠바타는 그 지형의 산과 강을 살려 자연 속의 타운을 건설하고자 하였다. 그의 의견보다 더 많은 주택을 지어야 했는지 상자 같은 아파트가 들어서자 건설팀에서 빠지고 민둥산에 도토리나무 조림을 시작하였다. 삼만여 그루의 묘목이 자란 현재, 도시의 자랑거리이며 산소 공급지, 녹색 공장이다. 한 사람의 바른 생각이 행동으로 옮겨져 많은 사람의 호응을 얻을 때 어떤 결과가 오는지 보여 주는 사례가 아닐까. '마을에는 숲이 있어야 하므로' 부부는 칠십 년대부터 자기네 뜰에도 나무를 심어 70여 종의 채소와 50여 종의 과일나무를 키운다. 수반에 물이 찰랑거려서 새들이 먹고 씻고 놀다 간다. '봄, 새잎을 느끼다', '미인, 기다려요' 등 한 줄 시와 그림을 곁들인 노란색 팻말 시화가 있는 뜰, 거목들로 둘러싸인 부부의 집은 동네를 아름답게 하고 맑은 공기와 향기까지 선사하고 있다. 그런 숲을 가꾸는 집이 주변에 있다면 나는 지날 때마다 걸음을 멈추고 나무 향기를 맡고 고개를 숙이고 경의를 표할 것 같다.

독도를 자기네 땅이라고 주장하고 우리에게 마땅히 사과할 것을 미루는 사회단체나 정치인들이 있어 일본은 내게 마음에 안 드는 나라이다. 그래서 일본 여행도 잘 안 가지만, 훌륭한 생각을 가지고 굽힘 없이 자기 길을 가는 사람까지 마음에 안 든다고 할 수는 없다. '젊은이들은 바쁘니까 은퇴한 사람들이 도와주어야 한다'는 이 부부, 놀면서 시간만 보내는 것보다는 조금이라도 다음 세대가 더 누리며 살 수 있도록 남겨 줄 일을 하느라 등은 잠잘 때만 붙인다. 젊어서 수고했으니 이제는 쉬어도 놀아도 좋지 않겠는가 하는 이들에게 경종을 울린다. 그들은 후대가 풍요롭도록 자갈밭을 옥토로, '인생 후르츠'로 가꾸어 왔음을 다음의 시로 몇 번씩 일깨우고 있었다.

…… 바람이 불면 잎이 떨어진다/ 잎이 떨어지면 비옥해진다/ 비옥해지면 열매가 익는다// 차근차근 천천히.……

관악구의 어느 댁은 반세기를 같은 단독주택에서 사셨는데 정원이 꽤 넓었다. 채소와 과실수 몇 그루, 담장을 훌쩍 넘는 사철나무들과 꽃이 있어 상가가 연속되는 길가에 유일한 녹지대였다. 두어 해 전, 새 주인은 오륙 층의 다가구주택으로 바꾸어 놓아 일대의 녹음이 사라졌다. 도시에서는 작은 푸르름도 귀하지 않은가. 오래 자란 나무들이 경제 논리에 밀리는 일이 없어야 좋은 환경을 물려 줄 터인데. 올해부터는 단독주택에도 세금이 많이 부과된다고 한다. 그 땅에서 나무나 잔디를 길러 왔다면 산소생산비, 미세먼지 저감비를 담당하는 몫으로라도 세금을 크게 올릴 일이 아닌 것 같다. 더구나 잘 가꾼 정원까지 볼 수 있는 담이면 도시미관료까지 지급해야 하지 싶다. 산림청은 미세먼지 저감 대책으로 해마다 60㏊씩의 산림을 조성한다고 한다. 조림사업 이전에, 있는 그린벨트부터 보호하고, 각 가정의 작은 뜰도 아파트의 숲도 아껴 주는 정책이 있어야 정화된 공기를 얻는 데 도움이 되지 않을까.

겨울 들어 이웃 단지에서 재건축을 위한 철거작업을 시작하였다. 삼사 년 기다리면 높고 멋진 건물이 세워질 것이다. 하지만 제일 먼저 잘려 누운 것이 아름드리나무여서 마음이 아프다. 우리 아파트도 지은 지 오십 년에 가까워 재건축을 앞두고 있다. 이십 년 전, 도시 속 숲 마을이 좋아서 나이 든 아파트이지만 쉽게 이사를 결정했었다. 덕택에 꽃동산과 녹음, 단풍과 바스락대는 낙엽의 순환을 해마다 처음 보듯 감탄하며 살아왔는데 요즈음 나무 걱정이 크다. 건물이 헐리기 전에 나무를 옮겨 두었다가 완공 즈음에 되가져와 심는 나무은행이 있다는데 옮기기 쉬운 작은 수종만 선택받는 것 같아서이다. 이동의 수고로움 비용만 계산하는가. 나무가 자라는 데 소요된 시간의 값은 고려되지 않아 안타깝다. 튼튼하고 살기 편한 건물을 지어 그 속에서 함께 사는 나무들도 천수를 다하기를 바라면서 나무에게 미안한 마음을 전한다.

내 고향은 500살쯤 되었다는 천연기념물, 전국에 두 곳밖에 없다는, 줄나무가 있는 마을이다. 한 줄 숲은 앞산의 끝자락과 뒷산의 끝자락을 이으며 국도변과 나란히 달린다. 아흔 그루쯤의 팽나무와 개서어나무, 느티나무가 동네 입구에 길게 늘어서 매우 장관이다. 우리 마을에 처음 터를 잡으신 선조들이 마을 초입의 허전함을 보충하고, 바닷바람을 막기 위해 심었다 한다. 길게 가지 벋은 무성한 나무들이 굳건하여 동네는 언제나 안온하였다. 그 덕에 후손이 번성했을까. 집성촌이 되어 근방에서 가장 큰 마을이었다. 여름

날 하굣길에 나무 밑에서 쉬거나 놀이판이 벌어지는 것도 우람한 나무가 주는 넓은 그늘이 좋아서였다. 동네 사람들 모두 나무를 아끼고 사랑해 왔기에 지금까지 건강하다. 근래에 고향을 찾았을 때는 키 작은 꽃무릇 군락이 거대한 나무를 우러러 고개를 갸웃거리며 찬양가를 부르고, 나뭇잎들은 살랑이며 화답하고 있었다.

    나무들과 어우러진 마을은 포근하고 조용하고 아름답다. 나무를 잘 가꾸면 우리와 후손의 삶도 건강하고 보배로울 거다. 수령이 높은 나무가 많은 나라, 선각자 조상을 가진 자랑스러운 역사가 아니랴. 자연은 천천히 이루어지니 후대를 위한 일은 선대에 이어서 현대를 사는 우리도 계속해야 하지 않을까. 마을엔 숲이 있어야 한다는 생각이 어찌 츠바타 씨만의 생각이랴. 울창한 숲, 숲속 도시, 숲 마을은 인간의 로망이고 바람일지니.

    (2019년)

가루받이

여러 꽃이 화단을 가득 메우고 있다. 어려서부터 기르던 분꽃, 봉숭아, 접시꽃, 참나리, 원추리, 채송화, 나팔꽃, 국화 등이다. 거기에 새 품종들을 영입하게 되니 이름도 어려운 외국 종이 대부분이다. 튤립, 팬지, 피튜니아, 플록스, 루드베키아 등이다. 거기에 우리 땅의 야생화가 화단의 꽃이 되기도 하고, 원래 있던 꽃들의 색과 모양이 바뀌기도 한다.

초등학교 3학년 자연 시간이었다. 인공가루받이를 해 주면 새로운 꽃이 생긴다면서 선생님께서는 나팔꽃을 보기로 드셨다. 배운 것이면 실험을 해 보는 열성이 내게 있었나. 그해 여름, 새벽부터 일어나 다리가 저리도록 오랜 시간을 꽃밭 앞에 앉아 나팔꽃이 피기를 기다렸다. 꽃이 피면 직접 가루받이를 해 주기 위해서였다. 뾰족하게 말린 꽃잎이 펴지는 것을 지켜보다가 꽃이 피면 붓에 묻혀 놓은 다른 꽃가루를 발라 주었다. 그리고 씨를 구분하기 위해 실을 매주었고 꽃씨도 잘 받아 두었다. 다음 해 그 꽃씨를 심고 첫 나팔꽃이 피던 날 아침, 우리 집은 식구들을 부르는 내 소리로 넘쳐났다. 할아버지도 '허, 거참. 새 꽃이 생겼구나.' 하고 놀라워하셨다.

원래의 보라색 꽃도 피었지만, 그때까지 본 적이 없는 온통 흰색인 것, 물감 뿌리기 한 것같이 흰 바탕에 보라색을 흩어 뿌려 놓은 것, 보라색 바탕에 흰색을 흩뿌려 놓은 추상화 같은 것, 흰색과 보라색의 색동 나팔꽃들이 피었다. 놀라운 새 나팔꽃들의 씨앗을 잘 받기 위해 끈을 매서 구분 짓느라 내 4학년의 여름 아침은 매일 바빴다. 그러나 자연은 무심한가. 큰비가 내린 날, 나팔꽃을 올린 흙돌담이 무너져 꽃밭을 덮쳐 버렸다. 비가 그치고 담을 다시 쌓을 때는 꽃들은 형체도 없었다. 실망이 컸다. 두 번 다시 새 나팔꽃 만들기로 고생하고 싶지 않았다. '점심때에 우물가에 다시 와 보면 노여워 입 다물고 말도 말자'는 노랫말대로 옛 나팔꽃은 오전에 시들고 꽃 색깔도 곱지 않아 매우 아쉬운 꽃이었다.

'나팔꽃'이란 이름은 나팔의 생김새를 본 따 만든 일차원적인 말이지만 '아침의 영광, 모닝 글로리' 영어 이름은 '새 아침 새 꽃'을 상징하기에 마음에 든다. 더 오래 피었으면,

색깔이 더 고왔으면, 꽃이 더 컸으면 하는 어릴 적 내 바람이 다 이루어져 있는 나팔꽃을 발견한 것은 내 아이들이 어리던 어느 추석날, 오빠네 동네인 압구정동 울타리에서였다. 커다란 체리 핑크색의 작은 종지만 한 크기로 꽃 가장자리에 하얀 줄까지 두른 예쁜 나팔꽃이 저녁때까지 환하게 피어 있었다. 아쉽게도 여문 씨가 없어서 그냥 돌아갔다가 몇 주 후 다시 가서 씨를 받은 노력 끝에 이듬해부터 학교 꽃밭과 교실 창가에 심었다. 아파트 베란다에서도 아침마다 백여 송이씩 꽃을 피워 아이처럼 꽃을 세어 보고서야 마지못해 베란다를 떠나곤 했다. 가꿔 보라고 식목일에 아이들에게 씨앗을 나눠 주기도 하고 큰 꽃을 놀라워하는 이웃 반에 분양도 했다.

어느 해 학교에서의 일이다. 줄을 매 줄 만한 시간을 마련하지 못하여 나팔꽃은 박태기나무, 향나무, 사철나무들을 붙잡고 올라가 모두 나팔꽃 나무로 만들어 놓았다. 높은 기온을 좋아하는 나팔꽃이 큰 꽃을 피우게 하려고 오월에 씨를 뿌렸었다. 구월에 부임하신 새 교장 선생님에게는 큰 나무만 보이고 작고 고운 꽃은 안 보이는가. 늦게 심어 그때부터 꽃이 한창이었는데 나무들 성장에 좋지 않다고 모두 거두어지는 수난을 당하였다. 그해에는 가장자리에 흰 테를 두른 나팔꽃에 변종이 생겼는지 흰 줄이 없어진 꽃도 많이 피고 있었다. 아침마다 차 한 잔을 들고 흰 줄이 있는 나팔꽃이 많은지 없는 것이 많은지 헤아려 보는 내 출근 의식에

맥이 끊겨 버렸다. 시월이 다 가도록 그 예쁜 꽃들을 더 즐길 수 있었는데, 연약한 줄기의 나팔꽃에 튼튼한 줄기의 나무들이 도와주는 꽃밭 나름의 희생과 평화가 있었는데, 변종의 관찰 기회를 잃은 아쉬움은 가을이 지나도록 섭섭함으로 남았다.

오래전 원예 월간지에서 읽은 이야기다. 나팔꽃의 대부분이 미국이나 일본에서 개량되었고 이상한 일이지만 일본 종과 미국의 종은 서로 섞이지 않는단다. 나팔꽃은 암술과 함께 수술도 한 꽃에 있어 자가수분한다고 한다. 그런데 자가수분하는 꽃들도 가능하면 자기 꽃 안에서 가루받이를 하지 않기 위해서 버틴다고 한다. 다른 매개체의 도움을 받지 못하면, 이러다가 씨앗을 맺지 못하는 게 아닌가 하는 위기감이 들 때 암술보다 짧은 수술이 자라나 제꽃가루받이가 이루어진다는 것이다. 그때 못난이 나팔꽃이 생기는 것일까. 개량된 체리 핑크의 큰 나팔꽃이 아닌 옛날의 보라색 나팔꽃보다 더 지지리 궁상인 꽃이 피는 것이다. 흐릿한 푸른색에 몹시 작은 데다 열 시도 못 되어 시든다. 못난이 꽃은 근친결혼으로 퇴보한 2세일까. 나팔꽃은 개량도 잘 되지만 제꽃가루받이 때문에 퇴보도 쉬운 꽃인가.

나팔꽃을 보면서 우리 민족으로 비약해 보기도 한다. 수천 년 동안 단일민족임을 자랑해 왔지만 수백 번의 외침을 물리치는 동안 자가수분만 했겠는가. 전쟁에서 살아남는 뒤

편엔 타가수분 되는 아픔도 있지 않았을까. 그래서인가. 미국에서 사는 동창이 자녀의 생일 선물로 유전인자 검사를 받았다 한다. 혈통도 나왔는데 한국은 물론이지만, 일본, 중국, 몽골 등 무려 열 개도 넘는 민족들이 나왔다 했다. 게다가 조사한 친구의 혈족이 북남미에 십몇 명이 있다고까지 했다나. 이런데도 우리를 단일민족이라고 할 수 있느냐고 그 친구는 물었다. 무력 외침이 없는 요즈음은 국제결혼으로, 외국인 근로자로, 동남아 신붓감으로 매우 자연스럽게 다문화가정이 생겨나고 있으니 타가수분, 다민족 사회로 변화되어 가고 있다고 하면 지나치게 앞서가는 생각일까. 아직은 미미하지만 좁은 우리나라에도 외국인이 이백만이 넘고 출산율은 낮으니 다문화가정의 비율은 점점 높아 갈 것이다. 다문화에 대한 긍정적인 수용과 앞서가는 다문화 교육이 개량 나팔꽃, 우수 민족을 만드는 길은 아닐는지.

세계는 지구촌이어서 길에서도 TV에서도 쉽게 외국인을 볼 수 있다. 따라서 국제결혼도 많으리라. 식물도 그렇다. 세계 곳곳의 식물들이 기후가 맞으면 실외로, 추우면 실내로 들어와 산다. 실험실에서도 관상용식물, 식용식물들이 더 나은 품종, 새로운 품종으로 끊임없이 개량되고 있다. 타국인도 이처럼 뿌리내려 함께 행복하였으면 하는 바람이다. 일하는 인구도 줄고 있다는데 고맙지 않은가.

(2009년)

사십 년 지기

　사람은 녹색을 보고 숨 쉬고 먹어야 건강하다고 한다. 어디 사람뿐이겠는가. 한겨울 녹색이 그리운 시절에 푸르게 살 수 있는 것은 발전된 주거의 혜택이리라. 덕택에 아프리카 원산인 관엽식물이 추운 나라의 따뜻한 거실에 원정 와서 수십 년을 함께 산다. 오 년, 십 년, 이십 년 지기, 그중에는 사십 년이 다 되는 친구도 있다. 아이들을 데리고 나갔다가 길가에 죽 늘어놓은 나무토막들과 처음 만났다. 물컵 크기의 거친 나무토막이 뿌리도 없이 초록 새순을 뾰족뾰족 내밀고 있었다. 행운목이라는 이름도 좋고 수반에 놓으면 습도조절도 되겠기에 조심스레 받쳐 들고 왔다. 그때 서너 살이었던 아이들이 모두 불혹을 넘기도록 나무는 건재하다.

　아파트는 해마다 진화한다더니, 좁고 추운 첫 아파트의

베란다에서는 꽃 화분 하나 놓고 나오려면 뒷걸음을 해야 했다. 새 아파트에 오니 베란다에서 세발자전거를 타고 돌아도 되었다. 덕택에 그동안 억제해 왔던 숙원 사업을 펼칠 수 있었다. 볕 잘 드는 베란다는 일년초로 가득 채웠고, 실내에는 관엽식물을 앉혔다. 당시에 한창 유행하기 시작한 바이올렛은 색깔별 수집을 넘어 발근촉진제까지 바르고 뿌리내림으로 늘려서 선물하는 재미에 빠지기도 했다. 아파트 단지 입구의 꽃가게가 나의 참새 방앗간이었고, 꽃과 나무로 집 꾸미기를 했던 푸르른 시절이었다. 그 사이 행운목은 줄기와 잎을 키우면서 뿌리를 내렸다. 식물도감에서 찾아본 행운목의 원이름은 '드라세나'이다. '행운목'이라는 이름은 우리보다 더 먼저 그린 인테리어를 시작한 일본인들이 드라세나를 많이 보급하기 위한 상술로 붙였다고도 하고, 잘 피지 않는 꽃이 피면 좋은 일이 생긴다고 해서 붙인 이름이라고도 한다.

나무토막 행운목은 뿌리를 내리고 몇 년 가지 않아 천정까지 자랐다. 사람 키보다 크니 잎 닦아 주는 일이 불편하여 키를 줄여야 했다. 나무를 나누는 일은 쉽지 않다. "애야, 아플 거야. 좀 참으렴. 네 형제를 더 만들어 줄게." 제 몸을 잘라 만든 새 개체는 형제자매일까, 부모와 자녀 관계일까. 기준 두기에 따라 다르겠지만 개체가 늘어나 분양을 예닐곱 차례나 했어도 행운목네는 여전히 대가족이다. 키를 줄인 행운목은 뿌리-줄기, 줄기-잎의 두 부분으로 나뉜다.

이들은 제각기 할 일을 잘도 안다. 뿌리-줄기만 있는 부분은 잎을 잉태하는 데 시간이 많이 필요할까. 한동안 고요하다. 밋밋하던 줄기의 끝부분이 봉싯 배가 불러오고도 인고의 시간을 견딘 후에 줄기를 뚫고 새잎을 출산한다. 줄기-잎의 윗부분도 물에 꽂아 놓으면 긴 기다림 끝에 뿌리-줄기-잎의 완벽한 식물의 형태를 갖춘다.

자기의 부족한 부분을 채워 온전한 개체가 될 줄 아는 '행운목'은 '드라세나'라는 외국 이름보다 훨씬 잘 어울리는 이름이 아니냐. 꽃말도 '약속을 실행하다'라고 하니 필요한 부분을 잘 채워서 얻은 꽃말일는지. 이들이 사십 년이 다 되도록 생로병사의 과정 없이 매번 새로워지고 있는 것은 아픔을 겪을 때마다 새로운 개체로 재탄생하기 때문일까. 그렇다면 아픔도 피할 일이 아니니, 큰 병을 앓은 후 더 건강해지거나 고통을 견디면서 더 크게 자란 마음을 얻지 않는가. 주인들의 안위가 먼저이어서 식물이 뒷전일 때였다. 말 없는 식구들에게 눈길도 못 주는 동안 황색 반란이 일어났다. 맨 먼저 커다란 벤자민이 한꺼번에 마른 잎을 우수수 떨구고 떠났다. 많은 화분이 안쓰럽게 되었는데도 행운목은 아랫잎부터 차례차례 누렇게 되면서도 위쪽의 푸름을 가까스로 지켜내고 있었다. 목마름을 오래 견딘 것은 행운목 잎의 태어나 순서 지키기 때문이던가. 사람도 행운목 같다면 젊은이를 잃는 어른들의 슬픔이 줄어들지 않을까. 때마침 윗분 동기가 떠나셨기에 그리 생각되었나 보다.

어느 해 가을, 집에 오니 낯선 향기가 집 안에 꽉 차 있었다. 어디서 날까. 거실부터 부엌, 아이들 방과 안방까지 돌아도 찾을 수 없었는데 진원지는 마지막에 간 베란다, 행운목에서였다. 기르기 시작한 지 십오 년이 훌쩍 넘었는데도 꽃을 피우지 않았다. 긴 꽃가지가 무거워 늘어진, 흰색 별 꽃들이 뿜어내는 꿀 향기는 베란다 안을 가득 채우고 거실 창을 타고 넘어 들어와 온 집 안을 커다란 향수병으로 만들어 놓았다. 기울어가는 가을볕으로 데운 꽃 내음 탕에 온몸을 담그는 행운이라니. 이래서 행운목인가. 낮에는 꽃잎을 닫아 향기를 품어 두었다가 저녁나절 가족들이 모일 때 다시 뿜어 주는 배려로 근 일주일을 향기 도원에서 보냈다. 강렬했던 행복에 또 빠지고 싶어 이십 수년 꽃을 못 피우는 나무에게 야단도 치고 부탁도 하고 애원까지 한다. 어서 다시 달짝지근한 꽃향기 좀 주렴. 행운목은 억울할지도 모르겠다. 그도 꽃을 피우고 싶을 터인데, 찬사와 주목을 받고 싶을 터인데.

무엇이 부족할까. 반그늘에 두고 물도 잘 주고 분무도 자주 하고 거름도 가끔 주는데, 혹 꽃을 피우지 못하는 까닭은 항상 따뜻한 거실 탓일까. 온도 변화가 큰 베란다에 두었을 때 꽃이 피지 않았던가. 어쭙잖은 실력으로 여러 이유를 생각해 본다. '추위를 이기는 어려움을 겪어야 저는 꽃대를 만들 수 있어요. 군자란도 그러잖아요.' 행운목은 항변하고 있으려나. 식물도 어려움을 겪어야 향기로울 수 있는지.

남은 세월도 함께 행복하려면 더 많은 관심과 실험이 필요할 것 같다. 관심은 앎을 낳고, 앎은 올바른 보살핌을 낳으리라. 그리하면 꽃으로 보답해 주려나. 녹색으로, 공기정화로 제 몫을 하는데 꽃까지 보여 달라고 다그침은 욕심일까. 오랜 불임이지만 애완이며 반려인 행운목과 오십 년, 육십 년 지기가 되는 길은 기다림과 잦은 눈 맞춤일 것 같다.

(2019년)

애완 오리

퇴근길에 같은 동네 사는 선배를 만났다. 강아지가 차에 치여 떠났다며 다시 살려만 주면 천만 원을 주어도 아깝지 않겠다고 울먹이신다. 들인 정이 어떻기에 며칠을 울면서, 마음을 잡지 못하고 동네를 돌아다니실까. 갖가지 동물을 다 기르면서도 강아지만은 안 된다는 내 가이드라인을 지켜 준 아들이 고마워졌다. 정붙이고 살다 헤어지는 일이 저토록 어렵지 않은가.

"너, 대학생 맞니." 노란 새끼 오리가 마루를 미끄러지며 걷고 있는 것을 보고 나는 현관문 닫는 것도 잊었다. 어느 집 아이들이나 비슷한 경험들을 했겠지만 우리 집 아들아이의 동물 기르기는 역사가 더 길지 싶다. 병아리는 초등학교 일 학년부터 해마다 길러 휴가 갈 때 경비 아저씨께 큰 닭을 갖다 바친 것으로 마스터했다. 중학생 때는 메추리에 햄스터 두세 차례, 기니피그까지 작은 동물들을 섭렵하였다. 그중의 햄스터는 스키장까지 따라가는 호사를 누렸다. 오래 살다 그들이 삶을 마감했을 때, 오성과 한음처럼 제문까지 짓지는 않았지만, 흰 천에 싸고 상자 관에 넣어 꽃밭에 깊이 묻고, 나무젓가락 십자가도 세웠으니 장난감이 아닌 생명으로 대접한 셈이리라. 고등학교 때는 동물 기르기가 없어 그것으로 끝난 줄 알았는데 오리라니.

아들은 오리가 귀엽다고 제 가슴에 올려놓고 쓰다듬다 똥 선물을 받기도 했다. 헤엄 배우라고 욕조 안에 들여놓았다 씻기고 나오면 뒤따라 뒤뚱거리며 따라 나오는 모양새가 영락없는 오리 아버지에 오리 아들로 보였다. 아빠도 오리를 가슴 위에 올려놓기 잘하더니 잠방이 열린 채 꽃잠 든 사이, 젖꼭지를 모이로 알았을까. 콕 쪼아 기겁하게 했고, 목에다 똥을 누어 '앗 뜨거.' 소스라치게 놀라 깨게 한 일도 있었다. 먹성이 어찌나 좋은지 금방 먹고 꽥꽥거리고, 또 꽥꽥거리고. 우리들은 시끄럽다는데, 아들은 의사 표현을 할 줄 아니까 더 귀엽단다. 햄스터류는 소리가 없어 심심한 면이 있지만 적게 먹는데, 오리는 많이 먹으니 자라는 속도도 빨랐다. 배설물도 따라 커져서 뒤 베란다 상자 속에 갇혔는데 그 처리가 만만찮은 일거리가 되었다.

애완을 벗어난 오리를 어찌할까. 궁리 끝에 학교 사육장으로 데려갔다. 그런데 사육장 문을 열기도 전에 수탉 암탉들이 깃을 세우고 철조망 사이로 부리를 내밀며, 금방이라도 물어 찍을 듯이 위협하였다. 특히 수탉은 발을 구르고 왔다 갔다 걸으면서 그르렁대었다. 내가 안고 있는데도, 사람은 보지도 않고 오로지 오리만 보면서 도끼눈을 한다. 당번이던 육학년 아이들이 '오리 여기 넣으면 오늘 죽고 말거'라며 어떤 아이가 기르다 가져온 닭 한 마리를 쪼아서 죽게 했단다. 토끼도 오리도 함께 살고, 수탉이 때때로 울 때마다 도심 속의 농촌, 평화로운 사육장이라 생각했는데 무서운 살육장이 아닌가. 그들의 생태계에 또 다른 먹이 경쟁자는 받아들일 의사가 없는 모양이었다. 생각다 못해 연못가 돌 위에 놓았더니 어미에게 헤엄을 배우지 못한 탓일까. 집 안과 좁은 욕조 안에서만 놀던 녀석은 넓고 깊은 연못을 보더니 어찌할 바를 모르고 달달달 떨기만 했다. 그 모습이 딱해서 정원에 두고 일 교시 후에 내다보았다. 웬 오리가 정원에 있나 싶은 이 학년 아이 둘이 신나게 따라다니고, 오리는 기우뚱거리며 이리저리 도망가고 있지 않은가.

집 밖으로 내보낼 생각을 했지만 쫓기는 것은 안쓰러웠다. 수소문 끝에 세곡동 텃밭 넓은 어느 할머니 집에 보내기로 했다. 새집에 가서 귀염받고 살라고 아들아이는 목욕시키고, 딸아이는 길고 하얀 오리의 목에 분홍 리본을 매주었다. 저를 치장하는 동안 영문도 모르고 꽥꽥 우는 모습이 귀엽고, 씻기고 꾸며 놓은 모습이 새삼 예뻐 보여서 보내기 싫었지만 깨끗한 케이크 상자 뚜껑에 넣고 분홍 보자기로 묶어 시집보내듯 보냈다. 한 달쯤 지났을까. 오리 잘 크냐고 물었더니 "귀엽긴 한데, 텃밭을 어찌나 파헤치는지. 그다음은 묻지 마." 한다. 연지 찍고 곤지 찍어 보내면 무슨 소용인가. 우리 집에서는 대단한 사랑을 받았지만 닭도 오리도 다른 손에만 가면 바로 죽임을 당하는 것이, 아이뿐만 아니라 보내는 일에 앞장선 어른들 마음까지도 씁쓸하게 했다.

그 뒤로도 애완용 토끼를 기르다 제 용돈을 다 들여 수술까지 시키고 밤새 지켜 본 것으로 아들의 동물 기르기는 끝이 났다. 강아지도 기르고 싶다고 여러 번 부탁했지만 그것만은 반대하고 있다. 강아지에게는 혼자 있는 것이 스트레스인가. 물어뜯어 못 신게 만든 구두가 십여 켤레가 넘는다오, 두 마리를 길렀더니 경쟁하다가 크게 다쳐 거금의 수술비가 들었다오, 강아지의 우울증이 무서워 부부가 함께 여행을 못 간다오. 하는 여러 사람의 이야기로 강아지는 애당초 길러서는 안 되겠구나 새겨 둔 때문이다. 강아지 혼자 두고 나오는 것도 안쓰럽고, 놀아주기 바라고, 사랑해 주기 바라고, 데리고 나가야 하고, 사람보다 병원 가는 일도 많다니 감당할 자신이 없어서다.

이제 회사원이 된 아들은 아기들만 보면 말이 많아진다. "아이고, 귀여워. 엄마, 저도 아이 기르고 싶어요. 요렇게 귀여운 딸이 안기고 뽀뽀해 주면 형은 얼마나 좋을까요." 사촌 형 딸에게서 눈을 못 떼고, 장가도 들기 전에 아이 기르고 싶어 몸살이 난다. 아이라면 사족을 못 쓰는 녀석에게 조카가 생기니, 아기가 왔다면 퇴근이 빨라지는 것은 물론이고 어쩌다 주말에 못 보면 주중에 찾아가서 보고 온다. 비싸다는 유모차도 사 주고, 쪽쪽거리고, 흔들고, 웃는 것 보려고 희한한 소리와 표정을 지으며 카메라는 늘 열어 두고 있다. 누가 보면 애아비인 줄 알리라. 동물 기르기와 제 몸 자라기가 함께 끝이 나더니 이제는 제 아이 기를 때가 되었을까. 작은 동물을 키우면서 사랑하는 마음도 함께 키운 것일까. 먹이고 씻기고 치우고 치료해 주는 동안 제 자식 기를 준비가 된 것일까. 요즘 같은 출산 장려 시기에 아이를 많이 기르겠다니 애국자가 아니랴.

선배의 울먹거림 때문에 돌아본 아들의 애완동물, 그들은 가족의 대홧거리가 되었고 함께 예뻐할 수 있어서 다행이었다. 근래에는 보기만 해도 섬뜩한 파충류를 기르는 아이들도 있고, 크기가 방 한 면을 다 차지하는 동물도 보았다. 황희 정승은 강아지 기르는 식량을 어려운 사람 돕는 데 써야 한다면서 당시 사대부들의 개 키우는 유행을 따르지 않았다 한다. 유기견, 유기묘가 많아 사회문제가 되는 요즈음, 끝까지 돌볼 수 있을지, 어떤 동물, 식물에 마음과 시간과 노력을 들여야 할지, 선택 전에 깊이 생각해 보아야 그들과 함께 오래 행복하지 않을까.

(2008년)

서래섬의 실루엣

 어린이뿐만 아니라 어른도 변화시키고, '고래도 춤추게 하며' 식물까지도 잘 자라게 하는 게 뭘까. 좋은 말을 해 줄 때 밥은 오래 보존되고, 물은 건강한 상태로 변하더라는 보고도 있다. 이 때문인가. 우리들은 칭찬의 홍수 속에 산다. 지나치며 쉽게 하는 인사말 같은 칭찬과 달리 여러 사람에게 들려주고 싶은 이야깃거리를 갖고 싶은 것은 나만의 생각인가.

 "뭐 하시는지 여쭤봐도 돼요?"
 내 또래쯤 될까, 더 젊을까. 서래섬 둘레를 힘차게 걷던 여자분이 멈춰 서며 내게 물었다. 마포대교 쪽의 하늘이 보랏빛에서 짙은 회색으로 바뀔 때, 길어 온 물을 뿌려가며 분꽃이며 코스모스, 접시꽃, 국화 등의 잎을 씻고 있을 때였다. 흙탕물이 넘쳐 흙 옷을 두껍게 입은 꽃들이 숨 못 쉬어 죽을까 봐 씻어 준다 했더니, 서래섬 관리자가 호스로 물을 뿌려 씻어 줘야지, 왜 내가 씻느냐 한다. 쫄쫄 흘려가며 씻는 것이 시원찮아 보였을까.

"심은 사람이 씻어 줘야죠, 관리소 측에선 풀만 깎고 이런 일은 관심 없어요."

"관리소에서 하는 줄 알았어요. 서래섬을 걷는 사람들을 위해서 이 꽃밭을 가꾸시는 거잖아요. 제가 꽃을 보는 즐거움을 누렸으니 시를 낭송해 드려도 될까요?" 한참을 생각한 것도 아니고 바로 그 자리에서 대뜸 시 암송의 제안이라니.

"저 한 사람을 위해서요?"

나만을 위해 시를 읊어 주는 황송한 호사를 누려도 될까 주저되었지만 사양하면 안 될 것 같았다. 용기를 내서 말했을 텐데. 그이는 둘레길 한쪽에 서더니 나를 향해 서서 목을 가다듬었다. 나도 그분을 향해 가만히 두 손을 모았다. 어둠이 내리고 있는 강가, 다부진 모습의 검은 실루엣에서 깊이 있는 소리가 울려 나온다. 약간 허스키해서 다감하게 느껴지는, 힘 있는 목소리가 때론 여린 음성이 되어 마음을 두드리고, 풀잎 둔덕 위를 구르더니 강물에 누운 가로등 불기둥을 흔들고 올림픽대로의 차 소리도 잠재워 버렸다. 지나가는 사람이 있어 잠시 멈췄었다 했지만 나는 몰랐다. 한 곳도 되풀이되거나 멈칫거림 없이 계곡물처럼, 때로는 강물이 흐르는 것처럼 들려주었다. 수양버들과 잡초만 무성하여 심심한 섬 둘레를 꽃도 좀 보며 걷자고 한 일인데, 시를 듣게 되다니.

보답으로 시 한 구절이라도 기억해 두려 했는데 마음이 달뜬 때문이었을까. 시가 길었기 때문일까. 시 구절은 고사하고, 시의 제목도 시인의 이름도 밤하늘처럼 깜깜해 버렸다. 어두움이 둘러싸 준 효과가 한몫했나. 삶을 관조하는 시가 대부분 그렇듯, 마음을 침잠시키고 좀 쓸쓸하다는 분위기와 함께 알싸한 감동만 남았다. 슬픈 느낌을 준다는 내게 그이도 동조했다. 떠날 것을 예감했는지, 계곡의 급류에 쓸려 작고하기 전에 쓴 시라고 했다. 그이는 시 낭송으로 내가 한 일에 감사를 표했고, 의도한 일인지 모르겠으나 돌아가신 시인을 애도한 셈이 되었다. 시 낭송대회에 나간 적이 있는지 물을 뻔했으나 나를 응원하고 싶은 그이의 마음을 평가 절하하는 것 같아 그만두었다. 긴 시를 흐트러짐 없이, 마치 심사위원 앞에 선 것처럼 정성 들여 암송해 주어, 도리어 감탄하며 고마워해야 할 사람은 내가 되었지 않은가.

어두워서 잎 씻어 주기를 마치고, '제가 다 못 씻은 것은 빗물로 씻어 주세요,' 하늘을 보며 이야기했더니 그이가 웃었다. 낭송한 그이도, 들은 나도 한마음이 되었을까. 우리는 그대로 헤어지기가 아쉬워 서래섬 둘레를 같이 걸었다. 그이는 동화구연을 배워 자격증을 따고, 그 자격을 사장하는 게 아까워 어린이집 동화구연을 맡아 봉사하고 있다고 했다. 단지 안에 있는 어린이집 두 곳의 동화 들려주는 선생님이란다. 부탁받은 것도 아니고, 작년 가을, 입주와 함께 개원하는 어린이집에 직접 찾아가서 동화를 들려주겠다고 했단다. 재건축하는 동안 임시 살던 아파트에서는 동 대표를 맡아 이뤄냈던 일도 몇 가지 들려주었다. 며칠 전 새 아파트에서도 동 대표 선출에 나섰는데 지지를 못 받았다 하였다. 자매님의 열성과 능력을 아직 보지 못한 까닭이라고 했더니 나이 든 여자라고 젖혀 놓았을 거란다. 나이와 성별의 장벽을 느낀다면서도 봉사할 곳을 찾아 나서는 열성 당원을 놓치다니. 옆 동네 아파트 주민들은 큰 손해를 입게 되었음을 짐작이나 할까.

나는 꽃을 가꾸다 만난 형제님도 잊지 못한다. 지난해 봄, 모처럼 비가 온 다음 날이었다. 걸음을 멈추고 꽃을 심는 것을 보더니 정말 좋은 생각을 했다며 함께 가꿔도 좋겠냐고 물었다. 물론이라며 반겼더니 코스모스를 심어 놓고, 잡초를 뽑아 놓고, 비료까지 주었다. 그분이 올해도 다녀가셨나. 혹여 돕겠다고 했던 또 다른 분인가. 물길이 생겼고 백일홍이 심겨 있고 잡초도 뽑혀 있었다. 이분들은 남이 시작한 일을 참여로 발전시켰다. 이분들을 보면서 촛불집회에 동참하는 수많은 시민의 물결이 떠오르고, '행동하는 양심'이라는 말로 사람들을 일으켜 세웠던 전 대통령도 생각났다. 보이지 않는 정적인 '양심'을 '행동한다'는 동적인 어휘로 수식했기에 어법에 맞나 하는 의문이 들었다. 도치법인지 강조법인지 아무려나, 바른 마음인 '양심'을 '행동'으로 옮겨 국민이 주인인 자유로운 나라로 만들자는 의미라 했다. 군사독재 시절, 무서워 움츠러들어 아무 일도 않으려 드는 사람들을 독려하는 데 적절한 표현이라고 생각했나 보다.

낭송하신 분도 '행동하는 양심'인가. 생각을 곧 행동으로 옮기니. 고마운 일이구나 싶으면, 배운 것이 있으면, 필요하다고 생각되면, 눈에 안 차는 일이 보이면, 곧바로 나서지 않는가. 시 낭송이나 동화구연의 재능 기부로, 발로 뛰어 동네를 돌아보는 일로. 저절로 기회가 굴러올 때나 남을 위해 일하는 소극적인 나와는 차원이 다르다. 해야 할 일을 미루고 하고 싶은 일에 마음과 시간을 내고, 하면 좋은 일을 생각에서 멈추고 마는 것은 나이 들어도 고치지 못하니 고질병 수준이다. 위로나 대화가 필요한 사람에게 전화기 드는 일이 늦어 기회를 놓치거나, 아픈 사람을 찾아보겠다는 생각만 하고 못 하는 일 등이 부지기수다. 재빨리 행동으로 옮기는 일에 마음을 다잡으면 더 어른다워질는지. 마음속의 착한 생각도 행동을 입혀야 사람 노릇을 하고, 금고 속의 천만금도 햇빛을 보게 해야 경제가 돌든, 이웃을 돕든 다 같이 잘 사는 사회가 되는 게 아닐지.

지나가며 하는 칭찬은 일회성의 작은 미소이고, 거기에 따른 행동은 영속성의 커다란 감동이지 싶다. 나의 칭찬에 행동과 감사가 업혀 갔는지 다시 돌아볼 일이다. 시 낭송으로, 함께 가꾸기로 격려해 주시는 분들이 본을 보여 주신 것처럼.

(2017년)

Seorae Island's Silhouette

Bai, Myoung Ran

What makes not only children, but adults change, 'a whale dance' and plants grow well? There are reports that when we say good things, boiled rice is preserved for a long time, and water turns into a healthy. Is this why? We are living in a deluge of praise. Is it my own opinion that I want to have something to tell to a lot of people, unlike compliments such as excessive and easy greetings?

"Can I ask what you're doing?"
Shall she be about my age or younger? A woman who was walking briskly around Seorae Island stopped and asked me. When the sky on the side of Mapo Bridge changed from violet to dark gray, it was when I was spraying the water I drew and washing leaves of cosmos, plate flowers and chrysanthemums. When I said, "I washed

the flowers in heavy clay clothes overflowing with rain in the rainy season out of fear of dying of breathing," she said, "The warden of the Seorae Island should hose them down, why did you wash them?" Was it not easy to wash away?

"This leaves should be washed away by a person who planted, and I told her, "the management office will only cut the grass and they are not interested in anything like this."

"I thought the management office staff was in charge of this kind of work. You're taking care of this flower garden for those who walk on Seorae Island! I had the pleasure of seeing flowers, so can I recite a poem?" She didn't even think about it for a long time, but it's a suggestion of recitation.

"For me only?"

I was reluctant to have the glorious luxury of reciting poems for me only, but I felt I shouldn't refuse. She would have taken the courage to say, she stood on one side of the track, and cleared her throat. I still put my hands together for her. A deep sound reverberates from the dark silhouette of the river where darkness is falling. A slightly husky, sweet, sometimes powerful voice struck the heart, rolling over a leaf of grass, waving a pillar of fire in the river and silencing the sound of cars to the Olympic road. She stopped for a while because there was someone passing by, but I didn't know that. Not a single place sounded like a valley water, sometimes a river flowing. I only wanted to walk around the island with flowers because it was full of willow trees and weeds. I can't believe I hear poetry readings.

In return, I was afraid to remember even a phrase of poetry, but I was excited. Maybe it was because the poem was long, the verse in a poem, as well as the title of the poem, and the name of the poet have become as dark as the night sky. Did the effect of darkness play a part? Like most poems that control life, the mood of calmness and despondency remained after hearing, but the poem struck a chord. She agreed with me for feeling sad. Whether a poet who wrote a poem had a premonition to leave, she said, "It was a poem written before the poet was swept away by the rapids of the valley water." She thanked me for what I had done with the poem, and mourned the dead poet for what I had intended. I almost asked if you had ever participated in a poetry contest, but I quit because I felt like I was degrading the person who wanted to cheer for me. I am the one who should be admired and grateful for the long poem for reciting them with all her heart, as if she were standing before the judge.

I finished washing my leaves because it was dark, and I said, 'Please wash my leaves with rain,' and I looked up at the sky and said, and she laughed. Was she who recited the poem, and I who listened to the poem, both in one mind? We walked around Seorae Island together because we felt sorry to break up. She said, "I often do volunteer work to read children's fairy tales at day-care center, because I can't make use of my great talent to learn a fairy tale and get a license." She is a teacher who tells stories of two daycare centers in the park. Not that I was asked to, but last fall, she said she would visit the daycare center that opened at the same time as soon as it moved and tell them a fairy tale. During the reconstruction, as the head of the temporary apartment building, she told me some of the things she had achieved. A few days ago, she said she had no support for the selection of a representative in her new apartment. I said, "That's why they haven't seen your passion and ability yet," and she probably said, "I'm an old woman." Even though she feels the barriers to age and gender, they may miss out on enthusiastic person looking for a place to serve. Do they have any idea that the residents of the apartment next door have suffered a great loss?

I can't forget a man who I met while growing flowers. Last spring, it was a day after a long spell of rain. When he stopped walking and saw me planting flowers, he said, asking if he would like me to go with him. you had a really good idea, Of course, I welcomed him, and planted cosmos, picked weeds, and even gave flowers garden fertilizer. Has he been there this year? Is he another man who said he would help? There was a water path, a crape-myrtle was planted, and weeds were pulled out. This is the man who developed what others started into participation. Looking at them, a wave of citizens joining the candlelight vigil came to mind, and the former president, who had raised people with the word "actionary conscience," recalled. As he modulated the invisible static "conscience" into a dynamic vocabulary of "action," I was asked if it was grammatically correct or not. Whether it's inversion or a law of emphasis, it means moving the right mind, "conscience," to "action" and turning it into a free country where the people are masters. Wasn't it an appropriate expression to encourage those who cringe and refuse to do anything during the military dictatorship?

Is the recited person also a "actionary conscience"? It's not easy to put your thoughts into action. If she feels grateful, if she has learned anything, if she thinks it is necessary, if she sees something unnoticed, she starts to act immediately. Also she practiced her service by running around the neighborhood on her feet as a talent donation for poetry readings and fairy tales. It's different from me in level, a passive person who works for others only when the opportunity rolls by itself. Putting off what I have to do, taking time with my heart to do what I want to do, and stopping my good work from thinking is like a chronic disease because it cannot be fixed even after getting older. I missed a chance because it was too late to call someone in need of a conversation or consolation, and I just thought of finding someone who was sick and couldn't. Do I seem mature for my age if I am willing to act quickly? Good thoughts in the heart are supposed to play their role as human beings, and 10 million won in the vault can be seen in the sun, so that the economy can turn around. Should we help our neighbors or do whatever we can to become a well-off society.

Empty-hearted praise is just one-off small smile, and the act of true mind is a great touch of permanence. From now on, I also think I should give praise and appreciation for my actions, just like those who encourage us to serve as a good model for a poem recitation and flower bed gardening.

제2부
행복지수 높이기

장닭

 장닭의 부리에서 새벽이 깨어났다. 동네 닭들은 누가 부지런한지 경쟁을 했을까. 어느 집의 닭이 먼저 울면 이어서 이 집 저 집의 장닭들이 울어 대어 꼬끼오 릴레이가 한동안 지속되었다. 집안의 어른이라도 되는 듯 큰 소리로 기상나팔을 불어 주인들의 새벽 단잠을 깨웠는데도 조금도 미안함이 없이 당당하였으니 동네의 시간표는 장닭 자명종으로 시작되었으리라.

 닭이 우는 소리를 들으면 어려서 읽은 옛날이야기가 생각난다. 인간 세상을 도우며 살라고 옥황상제가 개, 돼지, 닭을 내려보냈다. 일 년 뒤 다시 불러들여 '무슨 일을 하여 사람을 도왔느뇨' 물었단다. 도둑이 많아서 도둑을 지켰다는 개는 세 개였던 다리가 불편하여 상으로 다리를 받아 넷이 되었다. 옥황상제께 받은 귀한 다리에 오줌이 튈까 염려하여 몇 발짝마다 하는 '쉬'인데도 다리를 번쩍번쩍 든단다. 먹고 놀고 잠만 잔 돼지는 멧돼지처럼 뾰족하던 코를 입과 같이 잘라서 먹을 때마다 음식 속에 코를 박고 먹어야 하는 벌을 받았다. 닭은 시계가 없어 게으른 사람들에게 아침을 알려 주어 빨리 일어나게 하여 벼슬을 얻었다. 그 벼슬이 볏이 되어 머리 위를 장식하고 있다는 이야기다. 그럴듯하게 잘 만들어진 이 동화는 나이가 들어도 잊히지 않는다.

옥황상제께 하사받은 붉고 큰 관까지 머리에 쓰고 있어 집에서 제일 잘 차려입은 것은 장닭이다. 턱 밑의 두툼하고 붉은 수, 노랗고 빨갛고 푸른 갖가지 색의 깃털과 긴 꽁지 깃은 매우 아름다워 가축들 중의 으뜸이다. 손맛은 좋지만 단색의 누런 털옷을 입은 소, 거친 질감의 검은 털옷인 돼지에 비하랴. 윤기며 매끄러운 촉감이며 화려한 색상의 깃털로 감싼 장닭의 패션은 집 안의 다른 동물, 아니 암탉과의 비교도 허락하지 않는다. 자신의 뛰어난 의상을 알고 있을까. 걸음마저 패셔니스트답게 우아하고 당당하다. 싸울 일이 있어 뛰어오를지언정 웬만해서는 달리는 일도 없다. 리듬을 타듯, 거만하게 주위를 살피며 사뿐사뿐 걸으니 우리가 듣지 못하는 주파수의 음악에 맞춰 걷는 건 아닐지.

장닭은 식구들을 불러 모으는 것을 즐긴다. 모잇감을 발견했을 때는 낮고 굵은 소리로 '꾸르르'거리면 곳곳에 퍼져 있던 닭들이 모여든다. 불러 모은 닭들에게 모이를 집었다가 놓고 다시 집었다가 놓으며 어서 먹으라는 듯 여러 번 시범을 보인다. 병아리까지 먹는 모습을 보고서야 자기도 모이를 먹으니 어른 '장' 자를 붙여 줄 만하다. 어린 병아리도 좋은 먹잇감을 물면 빼앗길세라 뒤돌아서 삼키는데, 장닭은 그마저도 지긋이 바라본다. 먹을 것을 양보하는 것은 자신만의 미덕이며 특권인 양 흐뭇하게 본다. 마치 아이들이 맛있게 먹는 모습을 보며 웃는 부모 같다. 제 가족에게 한없이 잘하는 장닭이지만 이웃의 닭이라도 놀러 오면 그 닭 둘레를 돌며 으름장을 놓듯 잘못 온 바를 깨우쳐 주어 돌아가게 만드니 내 집안만은 확실히 돌보는 책임감 강한 아버지이자 수문장이다.

일부다처제인 장닭네 가정은 과연 평화로울까. 암탉끼리 사이가 좋을 때는 그렇지 싶다. 사십 마리의 닭을 기르다 다섯 마리로 줄여 가는 동안 기르는 친구가 살펴보니 암탉의 질투가 크더란다. 어린 암탉이 자라자 큰 암탉의 괴롭힘이 많아져 장닭이 중재에 나섰다. 홰에 오른 수탉 옆에 앉는 암탉은 큰 암탉이었는데 수탉의 보호가 젊은 암탉에게 옮겨갔다. 홰에 올라앉을 때도 젊은 암탉과 나란히 앉으니 친구는 수탉도 영계를 더 좋아해서 그렇단다. 그러나 노계에게서 영계를 보호하려는 수탉의 종족 보존 본능은 아닐지. 건강한 암탉이 많아야 번식에 이로울 테니까. 영계가 초란을 낳으려고 앉으니 떨어져 서서 둥지를 지키며 보초를 서는 장닭, 아내의 산고를 함께 겪는 지아비의 모습이 아닌

가. 다처제의 장이 될 자격이 있다.

　장닭이 팔리면 다음 수탉이 바로 나서서 뒤를 이었다. 나라에 임금이 없으면 안 되는 것처럼 닭들의 왕국도 그런가. 자신이 대권을 이어받았음을 신고하느라 날개를 치고 소리부터 지른다. 장닭의 첫소리는 울어 본 적이 없어 거칠고 짧다. 사람은 물론 암탉들도 놀랐을까. '꼬꼬꼬' 하며 여기저기를 둘러보니 그들도 웃는 것처럼 보였다. 자기의 서툼을 아는가. '꼬끼오'가 제대로 나올 때까지 연습을 하는지 낮에도 자주 닭 우는 소리를 들을 수 있었다. 듣기에 편안하지 않은 소리도 일주일 정도 자기주도학습을 마치면 청아하고 제법 호흡이 긴 '꼬끼오' 소리를 들을 수 있었으니, 반복 학습으로 고운 소리를 내는 성악가의 모습이다. 체구도 작고 꽁지도 덜 자란 닭은 우는 연습과 함께 몸도 키울까. 얼마 가지 않아 당당한 모습을 볼 수 있었으니 첫 자리가 '장'닭을 만드나 보다.

　암탉들은 꽃밭에서 모래 목욕을 즐기다 내게 쫓기기도 했는데 장닭은 쫓아 본 기억이 없다. 주인이 싫어하는 일을 알았을까. 방이나 마루에 올라오지도 않았다. 암탉들을 쫓을 때 장닭은 나를 보면서 '글글글글' 소리를 내었는데 마치 '내 식구 너무 혼내지 마세요.' 하는 소리로 들렸던 적이 있다. 그렇지만 자기들의 영역에 새로운 가족을 받아들이는 일에는 극히 배타적이어서 암탉도 장닭도 함께 쫀다. 아들

아이가 기르던 닭을 할머니께 드리고 여름휴가를 갔다. 할머니의 닭들이 손자의 닭을 어찌나 쪼는지 꽁무니로 내장이 다 보이더란다. 닭들도 약한 곳을 아는지 같은 곳만 쪼아서 그렇다 한다. 병아리부터 함께 자라면 다 같이 어울려 살지만 자란 닭이 들어오는 것은 해코지하였으니 가축들 중 텃세의 으뜸이 아닐까.

  아이들의 폭력 문제로 온 나라가 걱정이다. 좁은 땅 곳곳에서 일어나니 잘못 키운 어른들 책임인가 싶어 눈 둘 곳이 없다. 기운 센 아이들이 힘이 약한 아이를 괴롭히다 죽음에까지 몰고 간다. 그들을 어떻게 교화시킬까. 나긋나긋하고 향긋한 산나물 같은 아이들로 다시 태어나게 할 수는 없을까. 이들에게 닭을 기르게 하면 어떤 결과를 얻으랴. 키우며 관찰하는 동안 장닭의 약자 섬김을 배우고, 텃세를 부리는 닭들에게서는 자신들의 모습이었음을 깨닫게 되지 않을까. 그리하여 괴롭히는 사람이 아닌 도움을 주는 사람으로 거듭나기를 바란다면 엉뚱한 처방일까. 인성을 가졌을 테니 적어도 축성으로 남지는 않으리라.

  (2018년)

닭 농사

　연일 모 기업의 회장이 뉴스에 오른다. 직원에게 폭언, 폭행을 일삼을 뿐만 아니라 닭을 쏘아 맞히라고 몰아세우고 일본도를 휘두르는 장면도 보았다. 부하 직원도, 살아 있는 닭도 놀이대상인가. 인권도 동물권도 안중에 없는 이가 우리를 슬프게 한다.

　나는 중학교를 마칠 때까지 농촌에서 자랐다. 고향 집을 생각하면 눈이 가느스름해지고 시골집 마당과 함께 한 가족이던 가축들과 내 꽃밭이 떠오른다. 헛간채의 염소, 헛간채와 대문채 사이에 있던 돼지우리, 가까이는 외양간의 점잖은 소, 외양간 벽 앞의 내 담당 토끼장, 이웃집 대문채에 붙은 닭장도 따라온다. 다른 가축들은 한두 마리인 데 비해 닭만큼은 언제나 대가족이었다. 새봄이 되면 맨 먼저 해야 하는 일이 새싹 보호용인 꽃밭 울타리를 세우는 일이었다.

닭을 기르지 않는 집의 꽃밭은 굽힌 대나무 조각, 벽돌 등을 둘러 모양을 내는데, 내 꽃밭은 통대나무를 잘라서 가장자리에 세우고 새끼줄로 촘촘히 둘러쳐야 해서 투박한 데다 키 작은 꽃을 가렸다. 부드러운 꽃밭 흙은 닭들에겐 더없이 좋은 모래 목욕장이 되고, 꽃들은 닭이 눈독 들이는 별미이었기에 울타리 단속은 필수였다. 그래도 날개가 있는 닭은 마음만 먹으면 언제나 꽃밭에 들어갈 수 있었으니 내 꽃들은 언제나 긴장하고 있지 않았을까. 그런 이유로 나는 꽃을 가꾸면서 닭이 없기를 바란 적도 많다.

우리 고모는 집 안 청소가 취미였다. 4학년 여름방학 어느 날, 고모는 마실을 가려고 나에게 단단히 일렀다. 온 집안을 깨끗이 청소해 놓아야 하고 잘했을 때는 용돈도 주겠노라고. 용돈의 보상도 있었지만 내 손이 가면 집 안이 깨끗해지는데 재미가 나서 열심히, 정말 열심히 청소를 하였다. 방들과 대청마루는 반들반들 윤이 나도록, 사랑마루도 두 번이나, 비에 젖기를 자주 해서 윤이 잘 안 나는 툇마루도 여러 번 닦아 놓고 고모의 칭찬을 기다리고 있었다. 여름날 해 긴 오후를 몽땅 청소하는 데 쓰고, 걸레 빤 물은 꽃밭에 뿌려주고 축축해진 참에 김까지 매 주었다. 흠뻑 흘린 땀을 씻고 나서 싱싱해졌을 꽃들을 생각하며 꽃밭에 다시 갔다. 언제 들어갔을까. 암탉 한 마리가 꽃밭 안에서 몸을 뒤척여 가며 모래목욕 삼매 중이었다.

"야, 너 좋으라고 꽃밭 매 놓은 줄 알아." 발을 탕 구르며 큰 소리로 쫓았더니 닭은 재빨리 꽃밭 울타리를 넘어 하필 마루로 도망을 갔다. 잘 닦아 놓은 마루에 발자국은 물론이고 찌익 물똥까지 누고는 안방으로 달아났다. "너어?" 눈을 크게 하고 입술을 꾹 물고 신발을 벗는 사이, 날개 속이 무거웠을까. 암탉은 안방에서 탈탈탈 날개를 쳐 깃털 사이사이에 끼인 그 많은 흙을 털어버리고, 골방을 거쳐 툇마루를 쌔앵 날아 뒷마당에 내리더니 동그란 눈을 크게 뜨고 벌어진 부리 사이로 빨갛고 가느다란 혓바닥이 오르락내리락, 학학거리고 있었다. 닭이 파 놓은 웅덩이 때문에 봉숭아와 분꽃은 쓰러지고, 마루의 물똥은 물론 안방의 흙먼지를 죄다 다시 치워야 하는 일이 어찌나 분하고 속상했는지. 쫓겨 갈 데를 보고 쫓아야 했던가. 미운 마음에 앞뒤 없이 쫓기만 했으니 맹랑한 닭한테 보기 좋게 보복을 당했던가 보다.

내 꽃밭에만 들어가지 않으면 닭과 나 사이는 평화로웠는데, 마루에 앉아 그놈들을 유심히 보면 닭의 습성을 터득할 수 있었다. 암탉은 새끼를 갖고 싶으면 골골거리고 둥우리를 찾는 듯이 보인다. 할머니는 기다리신 듯 두툼하게 짚을 깐 망태에 달걀을 넣어 놓고 닭을 부른다. 암탉이 크면 열댓 개를, 작다 싶으면 열두어 개를 넣었다. 소원을 이룬 닭은 골골 소리를 멈추고 달걀이 다칠세라 사뿐히, 반쯤 일어선 상태로 알을 품는다. 얼마나 다리가 아플까. 닭은 알을 부화시키기도 해야 하지만 지키기도 해야 하니 매우 긴장된 눈을 하고 있다. 때로 알을 굴려 고루 덥히고 안쪽과 바깥

쪽을 바꿔놓기도 한다. 하루 한 차례 정도 운동하고 오라고 닭을 내보낼 때, 달걀을 만져 보면 매우 따끈하다. 42도의 어미 체온이 옮겨 온 까닭이리라. 밖에 나간 닭은 알이 식을까 걱정인 듯 금방 돌아온다. 돌아다니는 일이 훨씬 즐거울 텐데 제 본분을 잊지 않는 모성 본능이 감탄스럽다. 정확히 21일째가 되면 병아리는 어미 닭의 도움을 받으며 알을 깨고 나온다. 어미 닭은 날개 품에 넣어 재우거나 데리고 다니며 모이 찾기를 가르치던 병아리들을 한 달 정도 키우고 본체만체한다. 그래도 따라다니면 쫒는다. 몇 번 쫒긴 병아리는 언제 어미 자식 간이었나 싶게 덤덤한 사이가 된다.

몇 해 전에도 닭들이 떼죽음을 당했다. 닭과 달걀이 동이 나서 서민들의 쉬운 육류 섭취가 어려워 달걀까지 수입하는 일이 생겼다. 닭 사육이 대량화, 기업화되면서 매몰되는 양도 매머드급이다. 손바닥만 한 닭장 안에서 옴짝달싹하지 못하고 자라는 닭들이거나 좁은 면적에서 빼곡히 자라는 닭들이 돌림병의 피해를 보지 않을까. 닭 농장 주인들의 쓰라릴 마음을 헤아려 보면서 한 마리의 아픈 닭도 치료해서 기르던 우리 어머니를 생각했다. 중2, 보리타작 철이었다. 학교에서 돌아오니 "내가 수술을 했다." 어머니가 자랑스럽게 웃으셨다. 닭이 눈꺼풀이 올라가며 버르적거렸단다. 어머니는 숫돌에 갓 간 칼로 툭 불거져 나온 모래집을 째고, 꽉 찬 보리를 털어냈다, 모래집을 꿰매고, 겉가죽을 꿰맨 다음 머큐로크롬을 바르고 바구니로 덮어 놓으셨다. 그늘진 바구니

밑이 중환자실인 셈이리라. 닭이 버둥댔을 텐데 했더니 저 살려주는 줄 아는지 가만히 있더란다. 주인을 믿고, 마취도 없는 아픔을 견디는 닭이 경이롭기까지 했다. 이틀을 굶기고 불린 싸라기부터 주고 사흘 만에 내놓았더니 푀양푀양 잘 걷고 모이를 찾기 시작하였다. 그 뒤로도 어머니는 한 번 더 닭을 수술하여 살리셨다.

 닭도 생명이 있으니 존중받아야 하지 않을까. 집 안팎을 자유롭게 다니며 모이를 찾던 닭들이었기에 항생제는 알지도 못했다. 산이나 풀밭의 자연 속에서 키우는 양계업자를 보면 고마운 마음이 든다. 자유롭고 행복하게 자란 닭이어야 건강에 좋은 알과 고기를 생산하지 않을까. 생명으로 대접하는 주인에게 가축들은 질 좋은 축산물로 보답하리라. 하물며 만물의 으뜸인 사람은 인격적으로 대해 주는 상사와 오너를 어떻게 생각하고 대할까.

 (2019년)

행복지수 높이기

　사람들은 살 곳을 찾을 때 무엇을 먼저 볼까. 예전에는 학교, 직장, 시장이 가깝고 교통이 편한 곳을 찾았기에 비교적 그 기준이 단순했으나 삶의 질을 중요시하는 요즈음은 녹지나 공원, 산책 코스에 경치, 공기, 종합병원, 문화시설, 학군, 유명 학원까지 살피느라 선택기준이 훨씬 복잡해졌다고 한다. 집값이 오를 곳인가를 알아보는 일은 영순위라든가.

　주민 편의 시설이 비교적 잘 갖추어진 우리 동네이지만 공립 어린이집은 고사하고 사설 어린이집도 찾기 어려워 작년 한 해 어린이집은 포기하고 지냈다. 올해 아파트를 개조한 작은 어린이집이 두 곳 생기니 동네의 민원 일호가 일부 해결되었다. 그 덕에 올 삼월부터 네 살배기 손녀가 어린이집에 다닌다. 어머니의 시간이 없다고 미안해하던 아들 내외의 마음이 편해진 것은 물론이고, 꼼짝 못 했던 내가 강의도 들을 수 있게 되었다. 온 가족의 행복지수가 한 단계 높아졌다고 할까. 어느 날 아이를 데리고 어린이집에 가다 만난 아주머니가 손녀의 인사를 받고 "어린이집이 생기면 시끄러울까 봐 반대했더니 조용하네요. 귀여운 아이들도 보게 되고요." 한다. 이래서 어린이집을 만들기 어려웠구나 싶으니 섭섭한 마음이 불쑥 일어 "손자를 안 키우셨나 봐요. 어린이집이 있어 얼마나 고마운지 몰라요." 했다. 그분은 빙긋 웃으며 오래된 일이라 다 잊어버려서 그랬단다.

　며칠 전 서울 어느 자치구에서 공청회가 열렸다. 특수학교 설립을 반대하는 주민들을 설득하기 위한 자리였다. 반대 이유가 집값이 내려간다거나 지역 이미지의 하락이라니. 선천적이든 후천적이든 장애아동이 있기 마련이고 장애 어른도 생길 수 있는 것이 한 발 앞을 알 수 없는 우리네 삶이 아니던가. 제발 가까운 곳에 학교를 세울 수 있게 해 달라고 무릎을 꿇은 장애아 부모를 보았다. 그분은 아이의 학령기가 지났는데도 더 나아지는 사회를 위해 그렇게 했다 한다. 누가 꿇어야 할 무릎인지. 보통의 애들도 채근하여 학교를 보내는 일은 한바탕 북새통을 치러야 하는 아침 행사이지 않은가. 새벽부터 일어나 제 앞가림도 못 하는 아이를 챙기고 먹이느라고 장애아 부모는 거울 볼 시간도 없을 것이다. 먼 곳까지 데려다주고 와서 일 조금 하면 곧 다시 데리러 가야 하는 시간이 되겠지. 길에서 많은 시간을 보내야 하는 장애아의 부모는 자신만을 위한 시간을 꿈이라도 꾸어 봤을까.

몇 해 전 다른 어느 구에서도 발달장애인 직업훈련센터를 세울 때 주민들의 심한 반대가 있었다 한다. 당국은 발달장애인은 위험하지 않음을, 집값에 영향을 주지도 않음을, 많은 조사 자료를 보이며 주민들을 설득하였다고 한다. 드러내지 않은 반대의 이면에는 그저 막연한 혐오감이 있었다니. 얼마 전 구청에 갔다가 음료를 파는 곳에 들렀다. 말이 조금 어눌한 젊은이들이 주문을 받고, 커피를 내리고, 받아 가라는 벨을 누르고, 맛있게 드셨냐고 묻는데 당당한 직업인들이었다. 이들이 바로 발달장애인 직업훈련센터를 졸업하지 않았을까. 제 몫을 하고 사는 날이 있을까 걱정했을 그들의 부모는 한시름 덜었으리라. 특수학교나 직업훈련원은 앞으로도 많이 필요할 텐데 '내 집 주변엔 꽃과 나무만 좋아요.'라고 하면 어찌 될까. 맹학교를 이전할 때에도 주민들이 극심한 반대를 했다지만 현재 그곳은 전보다 상권이 크게 발달하였다고 한다.

매우 오래전, 특수학교의 시작 때였을 것으로 생각한다. 방학 중의 연수로 특수교육을 선택하여 강의를 듣던 중에 특수학교를 방문하게 되었다. 강의실 대신 버스를 타는 것만으로도 소풍 가는 기분이었는데 학교는 소풍지로도 부족함이 없는 경기도 어느 들판에 있었다. 학교 앞의 논에서 벼가 짙푸른 초록으로 자라고, 논 주변의 가까운 빈 밭과 논둑 밭둑에는 색색의 야생화가 조화로웠다. 이어서 학교의 시설을 돌아보게 되었는데 당시 열악했던 서울의 공립학교에서는 보지 못한 교구와 교실들이었다. 탁 트인 녹지 속에 멋진 건물 외관, 넓은 내부, 특별한 공구들이 있는 교실, 여러 목적 교실과 각 신체 부위를 위한 운동 시설 등, 가는 곳마다 참관 교사들을 놀라게 했다. 이런 고비용의 시설은 투자 대비 얼마의 효과를 거둘까. 일반 아동들에게도 이곳의 반만, 아니 반의반만큼이라도 투자된다면 그 효과는 얼마나 클까를 저울질한 사람은 나뿐이었을까.

학교를 다 둘러본 다음 강당에 모였다. "저는 이 학교의 교장입니다. 우리 학교를 둘러보시고 어떤 생각을 가지셨습니까. 혹 장애가 있는 아이들에게 이렇게 훌륭한 교육 시설이 다 필요할까 생각하셨나요. 특수학교의 시설비는 일반 학교보다 매우 많이 소요됩니다. 그러나 이런 시설들이 주는 효과는 지극히 큽니다. 저는 장애아를 둔 부모 중의 많은 분이 외국으로 이민 간 경우를 압니다. 그중에는 사회 지도층의 인사들도 많습니다. 특수교육 시설이 없었기에 우리나라의 학문이나 의학 발전에 기여하지 못하고 외국에서 주유소, 세탁소, 슈퍼마켓에서 일하거나 의류공장에서 재봉틀을 돌린다고 합니다." 둘러보면 떠난 경우만 있지 않다. 학위를 받고 고국에 돌아오고자 했으나 장애아를 두었기에 그곳에 머문 학자들도 많다 들었다. 특수학교가 없는 것도 문제이지만 그보다 장애아에 대한 거부감 없는 사회에서 아이를 기르고 싶은 마음이 앞서지 않았겠는가.

수십 종의 크고 작은 꽃이 피어 있는 학교 앞 들판은 보기에 매우 좋았다. 그곳에 크고 화려한 꽃만 있다면 자연스러운 꽃밭일까. 우리 사회도 들판의 꽃밭에 비유될 수 있으려나. 생김새며 능력이며 생각이 제각각인 점에서는 같지만, 꽃들처럼 아름답게 산다고 하기엔 부족하지 싶다. 특수학교나 발달장애인을 위한 직업훈련센터를 쉽게 세울 수 없기에. 물질문명의 발달 속도보다 사람들의 의식발달은 더딘 것인가. 장소도 재원도 있는데 주민의 반대로 세울 수 없게 한다면 남의 교육권을 침해하는 일일 텐데. 가까운 학교에서 아이가 보호되고 교육받고 있는 동안 부모는 자신의 일터에서 안심하고 일하거나 삶을 가꿀 수 있어야 하지 않을까. 이는 모든 학부모의 바람일 것이다. 치매 어른도 국가가 책임진다는데 장애아 교육은 우리의 따뜻하고 열린 마음만 준비하면 될 듯싶다.

살기 좋은 동네를 만들려고 곳곳에서 공사를 하고 있다. 산책길, 자전거 길을 만들고 녹지를 조성한다. 병원도 유치하고 문화센터도 도서관도 내 동네에 세우자고 한다. 마음에 안 드는 건 세우지 못하게 막는다. 그러나 삶의 질 높이기는 시설 이전에 마음 밭 고르기부터 시작해야 하지 않을까. 측은지심과 역지사지의 마음을 일궈낸 사회에서 높아진 자기실현 욕구와 행복지수를 기대함은 나만의 희망이 아니리라.

(2017년)

양돈기

늦가을 오후, 고향 마을은 고즈넉했다. 길에서 사람을 만나기도 어려웠다. 고향 뒷산에서 성묘가 끝나면 바로 올라오는 것이 보통이었다. 그날은 미국에서 온 오빠가 마을 어른들께 인사를 드리자 해서 갔더니 온 동네가 조용하다. 내가 자랄 때의 마을은 소리로 가득했는데. 아이들 뛰어노는 소리, 가축들 우는 소리며 애들 불러들이는 소리까지 골목길에는 소리들이 넘쳐 날아다녔다. 그리운 고향에 왔건만 소리 없는 골목이 낯설었다.

내가 자랄 때는 다른 집처럼 우리 집에도 가축이 많았다. 순하고 귀여운 토끼는 초등학교 때까지 내가 길렀고, 오리와 거위는 두어 차례, 염소는 중학교 이후로 죽 함께였다. 그중에 소, 닭, 돼지는 가축 가족의 기본구성원이었다. 평소에 집에서 기르는 돼지는 한 마리뿐이었다. 내가 중3일

때에 어른들은 돼지를 세 마리로 늘리고는, 새끼를 낳게 하는 계획을 세우셨다. 고등학교에 갈 나와 대학에 진학할 둘째 오빠, 셋째 숙부의 분가 비용 등, 큰일이 많았기 때문이다. 원래 돼지우리는 집 안에서 먼 곳에 있었는데, 안마당 쪽에 두 칸을 더 만들었다. 그 바람에 마당이 좁아지고 가까이에서 돼지들의 시끄러운 소리를 듣게 되었다. 한 녀석이 울기 시작하면 옆의 녀석은 물론 먼 곳에 있는 놈까지 따라 꿀꿀거려서 아기가 없어 조용한 우리 집을 들었다 놓았다 하였다.

그때는 셋째 숙모가 분가 전, 가풍 수업 중이기도 했다. 배부른 우리 숙모가 새끼 밴 돼지에게 밥 주는 것을 보신 동네 분이 불쑥 "사람하고 짐승이 같이 임신하면 어느 한쪽이 나쁘다던디요." 하였다. 걱정해 주는 말이었겠지만 듣지 않았으면 더 좋은 말이어서 할머니는 "어디 그런 숭한 말이 있다요." 하고 넘기셨다. 그러던 유월 어느 늦은 밤, 돼지가 새끼를 낳기 시작하였다. 나는 일꾼 아저씨와 어머니가 새끼 받아 내는 것을 숨죽이며 지켜보았다. 하얀 막을 뒤집어 쓰고 나오는 새끼 돼지를 받아 막을 벗기고 닦고, 탯줄 처리를 하고 망태에 넣었다. 일곱 마리의 새끼가 다 나오는 데 두 시간을 훨씬 넘겼으려나. 어미 돼지가 좀 쉰 다음 젖을 먹이라고 새끼들을 어미 품에 갖다주었다. 그런데 젖을 주기는커녕 벌떡 일어나더니 주둥이로 새끼들을 마구 떠다밀어 버린다. 그 기세가 사나워 새끼를 얼른 피난시켰다.

어미가 잠잠해지고 한참 지나 이제는 괜찮겠지 하고 다시 갖다주니까 또 물듯이 설친다. 어머니는 하루를 어미 돼지와 씨름하다가 못된 것이 새끼 굶겨 죽이겠다며 분유를 사 오고 우유병을 물렸다. 새끼를 낳자마자 돌변한 돼지 때문에 온 가족의 걱정이 커 갔다.

할아버지가 "너희 농업고등학교 선생님께 여쭤보고 오너라. 어찌하면 어미가 젖을 먹일지." 하셨다. 축산과 선생님은 "새끼에게서 다른 냄새가 나서 자기 새끼가 아닌 줄 알고 그럴지도 모른다. 어미 돼지에게 막걸리를 많이 먹여 보렴. 술에 취해 기분 좋아 누워 있을 때 젖을 물리면 젖 빨리는 쾌감 때문에 먹이게 될지도 모르겠다." 막걸리를 그렇게 충분히 마셔 본 돼지가 또 있을까. 육십 년대 중반인 그 시대에 비싼 아기 분유를 사람 품에 안겨 며칠씩 먹어 본 새끼들도 없지 싶다. 어쨌든 그 실험은 실패로 돌아갔다. 살이 벌겋게 되어 기분 좋은 소리를 내며 누워 있다가도, 새끼를 갖다주기만 하면 일어나 쫓으니 새끼들은 젖을 찾을 엄두도 내지 못하였다. 덜 취해 그런가 하고 먹지 않을 때까지 술을 먹였어도 결과는 같았다. 이런저런 묘안을 짜내다가 결국 어린 것 모두를 이웃들에게 나누어 주고 말았다. 새끼 돼지들이 예쁘고 불쌍해서, 기왕에 태어난 생명이니 길러 볼까 했지만 일곱 마리에게 최소 한 달 넘게 분유를 조달하는 일도, 유월 농번기에 젖먹이는 시간을 내는 일도 어려웠기 때문이다.

돼지가 새끼를 낳게 하는 일도 공부해야 하는 일이었을까. 할아버지는 '새농민'을 정기구독하고 필요한 책을 읽으며 농사를 짓는 분이었는데 돼지 출산에 대해서는 사전 준비를 안 하셨나, 뒤늦게 축산과 선생님께 알아볼 생각을 하시다니. 송아지가 태어나고, 토끼도 새끼를 낳고, 해마다 두어 차례씩 병아리도 나왔으니 돼지의 종족 보존도 자연스러운 일일 줄 아셨으리라. 알 품은 암탉도 온도 유지를 위하여 휴식 시간을 짧게 하는데 하물며 조류보다 훨씬 영리한 포유류가 새끼 건사를 안 하다니 동물도 사람처럼 더러 특이한 녀석이 있는가. 예부터 사람과 동물이 함께 임신하면 해롭다던 동네 분의 말을 생각해 낸 어른들은 낳고 키우는 일을 관장한다는 삼신할미의 역부족으로 치부하셨을까. 훗날, 돼지의 후각이 매우 뛰어나다는 걸 알고서야 생각한 일이지만 새끼가 사람 손을 탔고 우유 냄새까지 나니 어미는 남의 새끼라고 떠밀었겠지 싶다. 새끼에게 어미의 소변이라도 발랐더라면 묘책이 되었으려나. 마당은 다시 넓어지고 조용해졌지만 새 생명을 살리지 못한 아픈 마음 탓이었을까. 한동안 집안 분위기가 무거웠다.

야생의 돼지가 가축이 된 것은 소보다 훨씬 늦었다고 한다. 성질이 사나워서 길들이기가 쉽지 않았던 까닭이라고 한다. 닭들은 우리에 자주 들어갔다. 무엇이든 다 먹어 치우는 돼지의 집에 뭐 먹을 것이 있다고 갔을까. 어느 날 닭들이 푸드덕거리며 시끄럽게 위기를 알려 와서 달려가 보니 돼지가 닭을 잡아먹고 있었다. 닭에 맛 들였을까. 돼지는 호시탐탐 노리는 데도 '새대가리' 닭은 여전히 우리에 가서 놀다가 제 친구들을 몇 차례 더 잃었다. 잡식인 돼지가 사람의 먹을거리와 경쟁을 하니 닭 보호차 그놈은 괘씸죄에 걸렸다. '소, 닭 보듯 한다'는 속담처럼 초식하는 소는 닭이 오거나 가거나 관심 밖인데 돼지는 주는 먹이를 다 먹고도 고급 단백질 식사까지 즐기려 들었으니 더 일찍 팔려 갈 수밖에. 자기 새끼도 죽일 듯이 덤비는 돼지도 있고, 삵처럼 닭을 잡아먹는 놈도 있으며 유난히 시끄러운 녀석도 있었으니 같은 종족이라도 제각기 독특한 성향이 있음을 배운다.

요즈음은 산업 현장처럼 동물 사육장도 분업화되어 있다고 한다. 새끼 돼지도 전문 종돈장에서 생산하고 있으니 우리 집의 새끼 돼지 실패담은 옛날이야기가 아니랴. 도시의 골목상권이 사라지듯이 타산이 맞지 않는 농가의 소규모 가축 기르기도 설 자리를 잃었을까. 가축산업이 기업화, 대량화되어 가면서 동네에서 가축들 소리도 듣기 어렵다. 사라진 집짐승 소리와 아이들 소리 다음으로 어르신들 발걸음 소리마저 끊기는 것은 아닐지 걱정이 된다. 추억 속 내 유년의 고향은 언제나 살아 움직이듯이 농촌의 활기도 다시 살아 넘치기를 바란다.

(2008년)

아이바라기

잘될 집에서는 어떤 소리가 나야 하는가. 옛 어른들은 아기 울음소리와 책 읽는 소리라고 하였다. 1970년대 초, 내가 교사 초임 시절에는 칠팔십 명의 아이들이 책상 사이를 옆으로 조심조심 걸어 다녔다. 2010년대 초, 퇴직할 즈음에는 이십여 명의 아이들이 포크 댄스를 할 수 있는 교실이 되었다. 시골에는 학교가 문을 닫고, 아이들 소리 들어 본 게 언제인지 모른다는 마을도 많아졌다. 될성부른 나라의 모습은 어떠해야 할까.

'덮어놓고 낳다 보면 거지꼴을 못 면한다.'는 구호로 1962년 산아제한정책을 본격적으로 시작하고 베이비붐 시대는 일 년 만인 1963년에 끝이 났다고 한다. 정부의 인구억제정책이 성공하였음을, 동기가 둘씩인 60년대 생 사촌들과 조카들을 보면 알 수 있다. 70년대 후반, 내가 아이를 키울 때도 정부는 인구를 줄이기 위해 온 힘을 기울였다. 눈길 닿는 어느 곳에서나 산아제한을 주입하는 표어를 볼 수 있었으니, '딸 아들 구별 말고 둘만 낳아 잘 기르자.'가 대표적 표어이다. 아들이 꼭 있어야 한다는 생각이 남았던 때라 아들을 낳을 때까지 낳는 경우를 막아 보자는 표어이다. 80년대에는 '하나씩만 낳아도 삼천리는 초만원.'이라면서 둘도 많으니 하나씩만 낳으라고 압박하였다. 산아제한정책의 성공은 아들 선호를 막아야 가능해서 '잘 기른 딸 하나 열 아들 안 부럽다.'라고도 하였다. 요즈음 인구절벽 문제는 훗날을 예견하지 못하고 비판 없이 산아제한을 너무 오래 한 정책 실패 때문이 아닐는지.

80년대 초, 아이를 낳아서 대학까지 교육하는 데 삼천만 원이 든다고 하였다, 교육비에 관한 첫 뉴스가 아니었을까. 재학생의 학원 수강도 과외도 막았던 때였으니 학원비는 안 들어간 통계였지 싶다. 그 당시 무척 큰돈이었는데 서울 시내의 5층 아파트 삼십 평형 분양값과 같았다. 어느 날 우리 집에 오신 아버님이 남매를 둔 우리에게 아들 하나를 더 낳으면 교육비 전액을 주신다면서 의사를 물었다. 아파트 한 채 값이 무척 매력적인 유혹이었지만 아들이어야 한다는 조건과 인구억제정책이 걸렸다. 거기에다 산업화시대 진입으로 공장들이 스펀지처럼 인력을 흡수하는 때여서 아이를 돌보아 줄 사람을 구하기도 쉽지 않았다. 요즈음 집값은 평생 모아도 장만하기 어려우니 지금이라면 좀 더 고민해 보았으려나. 나중에 들으니 두 형님 내외에게도 똑같은 제안을 하셨다 한다. 아버님은 아들에 관한 한 다다익선을 바라신 분이셨지만, 우리 형제들은 아버님의 노후 자금을 축내지 않고 국가시책과 사회 분위기를 따랐다. 아버님의 손자 바라기는 당신의 안정적인 노후 생활과 바꿀 만큼 크셨던가.

아버님은 인구가 많아서 나라 살림이 어려운 것이 아니라 정치가 잘못되어서 어렵다, 우리 땅에서 일억도 먹여 살릴 수 있다고 주장하셨다. 땅이 좁으면 외국으로 내보내서 다른 나라에서 살게 하면 될 것을 '여럿 낳다가 거지꼴 난다'고 위협하고 있다면서 인구가 많아야 세계 속에서 당당할 수 있는 위치가 됨을, 인구가 곧 나라의 힘임을 강조하곤 하셨다. 하나나 둘밖에 낳지 않으니 곧 인구가 줄어들고 따라서 국력의 쇠퇴가 올 것을 염려하셨지만, 우리는 정부가 옳은 줄만 알았다. 여러 아이 속에서 잘난 아이가 나올 확률이 높아지고 나라를 구할 애국자도, 수많은 사람을 먹일 수 있는 걸출한 인재도 나온다고 옛 어른들은 생각하였다. 그것이 사실 맞는 생각이리라. 다작 속에 수작이 나오니 많이 써야 하고 그려야 하고 만들어야 하는 창작의 세계와 같은 이치라고 할까. 하기는 아이를 낳아 기르는 일만큼 어렵고도 가치 있는 창조가 어디 있으랴. 지구상에 인류를 존속시키는 일이며 문화와 역사를 이어가는 일이지 않은가.

둘째를 기다리던 어느 엄마 이야기다. 앞에서 두 아이의 손을 잡고 걸어가는 다른 엄마를 보고 너무 부러운 나머지 주저앉아 울었단다. '두 아이를 데리고 가는 저 모습이 완벽한 그림'인데, 육 년째 한 아이의 손만 잡고 있어 멋진 그림을 완성하지 못한 자신이 너무나 서러웠다는 것이다. 그렇게 간절히 바라서였을까. 그는 여섯 살 터울의 초중학생 형제를 키운다. 최근에 듣기 어려운 이야기라 보지도 못한 그 엄마가 기특해서 칭찬이 저절로 나왔다. 아이를 하나만 기르는 직장 엄마를 보면 안타깝다. 아이의 발육 문제 등으로 외둥이를 기른다는 부모도 그렇다. 한 아이만 잘 기르자고 생각했다는데 다른 동기와 함께 키우면 가까이에서 좋은 조력자를 얻는 일이라고 생각하는 것은 내가 아이바라기여서일까. 형제자매끼리 상호작용을 통해서 협력과 양보와 배려도 배우니 인성교육은 저절로 되리라. 아프리카에는 '한 아이를 키우는 데 온 마을이 필요하다'는 속담도 있다는데, 우리는 오랫동안 사회의 도움 없이 가정에만 양육을 맡겨 놓아서 외둥이가 양산되지는 않았을까.

아버님이 손자를 또 바라실 때 더 이상의 지성이 필요 없는 분이 손자 문제에는 왜 저렇게 고루하실까 생각했다. 아버님의 아들 셋이 각각 남매를 낳았고, 여섯이 결혼하여 열두 자녀를 기른다. 평균 둘씩을 기르는 셈이지만 아직 우리 아들은 아이가 하나이다. 이제는 내가 아버님처럼 바란다. 출산율이 낮은 우리나라가 걱정되어 우리 집안이라도 한 사람 더 보태야 한다고 생각한다면 한 마리의 벌새에 비유되려나. '쓰지 신이치' 씨의 우화에 나오는 벌새 한 마리는 초원에 불이 나서 모두 도망쳐도 강물을 물고 와 불길 위에 끼얹었다지 않는가. 간절히 바라서 마침내 둘째를 얻은 그 엄마처럼, 우리 손녀에게도 동생이 생기기를 바란다. 이 시대에 아이를 낳아 기르는 일만큼 큰 애국이 어디 있으랴. 그리된다면 나는 한 번 더 손주 키우기에 줄어드는 체력이나마 거들겠지만, 아버님처럼 교육비 제안은 할 수가 없어 안타깝다. 사교육 공화국인 우리나라의 요즈음 교육비는 학부모가 노후 자금을 마련할 수 없도록 큰돈이 든다지 않는가.

2750년, 우리나라는 세계 최초의 인구소멸 국가가 된다고 한다. 인구증가율이 마이너스이니 이대로 가다가는 틀림없는 결과가 아니랴. 사람이 줄어드니 소비 또한 줄어서 경제가 돌지 않고 일자리도 늘지 않는다고 한다. 우리는 이제, 낳든 데려오든 '아이 하나 더 기르기 운동'이라도 벌여야 하지 않을까. 더 낳기에 동참할 수 없는 할아버지, 할머니들은 손주 돌보기에 힘을 보태고 있다. 손주를 돌보고 싶어도 결혼도 하지 않은 자녀들 때문에 진정한 할머니, 할아버지가 못 되는 분들은 '시집, 장가가기 운동'이 먼저라고 하시려나. 사교육비에 눌리는 학부모들은 또 뭐라고 할지. 무엇이 먼저이든 미래를 기대하려면 아이들 소리를 들을 수 있도록 지혜를 모아야 할 때가 아닐까.

(2018년)

어머니의 망향가

　엄마의 노래는 아주 부족했다. 목소리는 고운 분이신데 소리가 잘 나오지 않아서 어린 내가 듣기에도 민망했다. 전쟁으로 내 아버지를 잃은 할머니와 어머니는 노래도 잃었을까. 노래가 위로임은 모르시고 금기로만 삼으셨나. 어른들이 노래를 안 하니 두 오빠도 노래에 무심했겠지 싶다.

　나 어릴 적 할머니와 어머니는 노래하시는 일이 없었다. 그저 입 안에서 당신의 사연에 가락을 붙여 웅얼거리는 정도였으니 점잖은 어른은 노래를 안 한다고 생각했나 보다. 엄마를 따라 외할머니 회갑 잔치에 갔을 때였다. 식사를 마친 동네 어른들이 엄마에게 노래를 시키셨다. 엄마의 노래를 들은 적이 없던 나는 치마를 붙들고서 하지 말라고 매달렸다. 엄마가 노래하는 것이 왜 그리 부끄러운 일이었는지. 즐거운 자리에서는 노래하는 것이라고, 네 할머니 생신에 오신 분들이 듣고 싶어 하니 해야 하는 거라며 동네 어른들이 나를 타이르셨다.

　1989년 봄, 어머니는 큰오빠의 초청으로 예순넷에 미국으로 가셨다. 그리고 스무 번, 해마다 긴 비행을 하셨다. 우리가 미국으로 가서 한국행 수고를 덜어 드렸던 그해, 여든다섯의 연말, 수술받지 않은 무릎의 통증이 심해져 요양원에 가게 되었다. 외국 병원의 식사가 고역이어서 두 번째 무릎 수술을 거부하셨기 때문이다. 큰오빠의 수고를 돕기 위해 처음에는 둘째 오빠가 가서 석 달을 돌보아 드렸고, 나는 삼 년 동안 방학마다 어머니를 찾아뵈었다. 요양원 초기에는 부축받아 운동실에도 다녔으나 나의 방문 횟수가 늘어갈수록 어머니의 활동영역은 줄어들었다. 결국 침대에만 계시게 되더니 움직임이 없으면 그런가. 매일 찾아가 이야기를 나눈 오빠가 있었음에도 정신세계가 헐거워져 집에 가자고 졸랐다. 걷지 못하여 집에 갈 수 없다고 하니 하루 동안 말씀을 잃었다. '이 요양원에서 나만큼 자녀가 매일 찾아오는 사람도 없다더라.' 하면서도 '살아서 나간 사람도 없단다.' 하더니 다음 날부터는 고향에 가자고 하였다. 이국의 요양원에서 고향을 그리는 어머니의 긴 하루를 위해 위로 공연이 필요했다.

　어머니의 옛이야기 듣기, 동화, 노래 들려드리기, 함께 노래하기는 고정 프로그램이었다. 그중에 함께 부르는 노래가 더 좋으셨나 보다. 노래는 어제 부르고 오늘 또 불러도 싫증을 안 내셨다. 복지관의 노래교실에서 배운 곡도 많았다. 가져간 한국 음식을 이른 저녁에 드시고 '집에 가자.' 하기 전에 노래를 시작하였으니 같은 방의 중국, 미국, 멕시코 할머니들도 우리의 노래를 즐겨 들었을까. 민요와 가요, 동요를 한참 부르고 '이제 가라, 자야겠다.' 하면 그날의 일과가 끝났다. 노래가 있어 집에 가자는 시린 말씀은 듣지 않았지만 남의 집에 아이 맡기고 나오는 기분이 그와 같을까. 집으로 돌아올 때는 길도 마음도 어두웠다. 돌아가시기 한 해 전 여름 석 달을 나는 그렇게 어머니와 노래하며 보냈다. 어머니를 돌보아 드리려고 퇴직도 앞당겼다.

하루는 어머니가 나를 보자마자 "얘야, 무궁화 삼천리 어떻게 하냐." "무궁-화 무궁-화 우리나라 꽃, 삼천-리 강산에 우리-나라 꽃." 했더니 그게 아니란다. 아하, 애국가. 혼자서 얼마나 궁리를 하셨을까. 시작 부분만 생각나면 부를 수 있을 것 같아 애를 태웠던 듯하였다. 우리는 4절까지 매일 반복하였다. 해 저물어가는 병실에서 가만가만 부르던 애국가는 큰오빠의 입을 닫게 했던 자작 연주곡, 고교 입학시험 응시 곡인데 이제는 어머니의 망향가가 되었나. 이국의 요양원에서 어머니와 함께 부른 애국가는 고향 집 마당에 할아버지를, 마루에 할머니를 모셔 왔다. 두엄을 헤집는 닭들과 되새김질하는 소도 불러내었다. 내가 노래를 부르며 담 밑의 꽃밭을 그려 보는 동안 어머니는 내를 건너 새낙골

밭에도 웃골 채소밭에도 다녀오셨을까.

애국가를 부르면 왜 졸업식 노래가 이어 나오는지 모르겠다. 졸업식이면 애국가, 졸업식 노래, 교가를 차례로 불러서 그런가. 어느 날 애국가를 부르고 졸업식 노래를 부르게 되었는데 시작을 맡았어야 했다. 어머니의 하직 인사 같은 생각이 들어 목이 잠겼다.

'빛나는 졸업장을 타실 엄마께 꽃다발을 한 아름 선사합니다.
물려주신 몸과 맘으로 착하게 살다 우리도 엄마 뒤를 따라갑니다.'

어머니는 이렇게 대답하시려나.

'잘 있거라 내 아이들, 정든 사람들. 나는 이제 이 세상을 물러갑니다.
우애하며 건강하게 잘들 살다가 먼 훗날 천국에서 다시 만나세.'

노랫말도 좋고 곡도 예쁘다는 생각을 매번 하게 되는 이 노래, 헤어짐의 슬픔과 다음을 기약하는 졸업식 노래를 인생 졸업가로 개사해 불러보니 어머니를 잃은 기분이 앞질러 왔나. 막아 놨던 슬픔의 둑이 무너져 돌아오는 길, 자동차

유리창이 젖어 보여 운전이 어려웠다.

　침대와 샤워실만 오가는 요양원 생활을 어찌 견디실까. 어머니께 매일 들르는 큰오빠지만 노래를 바라기는 어렵다. 내가 간 뒤에도 노래하시라고 했더니 "생각나면." 어머니의 대답은 간단명료하였다. 새 사람이 오면 낡은 사람은 가는 것이던가. 이듬해 새봄에 손녀가 태어나자 나는 아기한테 폭 빠져 어머니께는 겨울방학에 가자고 여름방학을 넘겼다. 나를 나무라셨나. 어머니는 그해 가을, 여든아홉에 가셨다.

　어머니를 잃은 사람들은 다 이러는가. 고향 뒷산으로 모셔온 지 삼 년이 넘었지만 어머니가 그리우면 가슴에 짜르르 통증이 온다. 그래서 하늘에 묻고 스스로 위로받는 꼼수를 쓴다. '좋은 일만 생각하셨지요. 노래도 하시고요. 그러면 행복하셨지요, 엄마.'

　(2018년)

창치 오빠에게 바치는 애가

　우리나라 사람들은 노래를 참 좋아하는 것 같다. 그래서 일까. 한때 노래방이 한 집 건너이다시피 한 적도 있었다. 노래와 춤으로 세계에 이름을 떨치는 유명 그룹들도 많아 우리를 흐뭇하게 한다. 지금은 교통 안전상 금지하지만 관광버스 안에서는 가무가 빠지면 섭섭하던 시절도 있었다.

　몇 년 전 둘째 오빠와 우리 부부가 큰오빠 가족과 어머니를 만나러 미국에 갔다. 일주일 정도 큰오빠와 함께 미국 서부의 유명 관광지를 다니는 도중 차창 밖의 경이로운 풍경을 배경 삼아 각자의 추억담이 등장하였다. 내가 초등학교 갈 때 큰오빠는 서울의 고교에 입학했고, 내가 중학교 갈 때 둘째 오빠도 서울의 고등학교로 갔기에 삼 남매의 어릴 적 이야기는 듬성듬성 이가 빠져 있었다. 우리 모두 이야기꾼들이었을까. 서로의 기억들을 꿰맞춰 보는 것이 세계적인 볼거리를 찾는 여정보다 더 흥미로웠다. 노래 이야기도 그때 나왔다. 두 오빠 모두 노래에 아픈 기억을 가진 사람들이었다.

큰오빠는 2학년으로 입학하였다. 입학식 다음 날, 담임 선생님이 교직원 회의로 교실을 비우셨단다. 급장이 신입생인 오빠를 불러내어 노래를 시켰다. 아는 노래가 없다 하니 애국가라도 부르라고 했다. 유감스럽게도 오빠는 애국가의 가사만 알고 있었다. 지나가던 같은 동네 상급생까지 교실 밖에서 들여다보고 있었고 기다리는 많은 아이들의 눈을 피할 수가 없었다. '노래는 가락과 장단으로 되어 있다지.' 오빠는 요즘의 랩처럼 읊었을까. 즉흥 작곡으로 부른 이상한 애국가에 아이들은 책상을 두들기며 배를 잡았고 온 동네에 소문도 좍 돌았으리라. 자존심을 다쳤나. 오빠는 그 후 노래와 벽을 쌓았다. 모르면서도 부를 용기가 있었으면 의연할 배짱까지 가졌으면 좋았을 것을, 만 여섯 살의 해방둥이 오빠에게는 무리였나 보다. 서울의 고등학교 입시에서도 노래해야 했는데 시골 중학교의 교가를 불렀더니 애국가라도 다시 해 달라고 주문을 받았다 한다. 월요일 조회 때마다 부른 애국가와 교가만을 알던 사람이 여행 도중에 판소리를 했다. 언제 노래 장벽을 허물었을까.

두 시간 동안 치러진 살얼음판의 시험 시간 동안 학생들은 얼마나 초긴장 상태에 있었을까. 둘째 오빠는 가창시험을 보는 날 두어 줄 부르다 가사를 잊어버렸단다. 말씀을 드리자마자 선생님은 무섭게 흥분하였고, 중학교 2학년생이 감당하기 어려운 체벌을 주었다. 성실한 학생이어서 선생님들께 사랑받던 오빠는 친구들 앞에서 수모를 받아 창치가 되어 버렸다. 노래를 들으면 틀린 곳도 알고 잘 부르는지의 여부도 구별할 수 있으니 음치는 아니라는 본인의 변이다. 멀쩡하던 목이 노래만 하려고 하면 꽉 막힌 듯 소리가 나오지 않는다니 그 트라우마가 중증인가 보다. 이성을 잃은 선생님은 수학 영어만 열심히 하고 음악에 성의를 보이지 않는다고 학생들을 골라 혼을 내다가 이웃 반 선생님의 만류까지 받고서야 멈췄다고 한다.

문학이나 미술, 음악 시간은 학생들의 마음을 이완시키고 즐거움 속에서 한 차원 높은 정서의 세계로 안내하는 것이 바람직한 수업이 아니겠는가. 미적 체험의 시간이니 웬만한 허물은 허용되는 여유로운 시간이었더라면, 같은 곡도 학생에 따라 다양하게 표현할 수 있음을 즐기는 유쾌한 감상 시간이었더라면, 사람마다 천품자질이 다름을 이야기해 주고 못하는 학생도 이해받는 분위기였더라면 오빠도 노래를 부르며 살았으리. 초임의 혈기 왕성한 선생님은 기대에 미치지 못하는 학생들 실력에 감정 조절 능력을 상실했을까, 분노조절장애가 있었을까. 그로 인해 당신의 학생 중에 육십 년이 넘도록 노랫소리 못 내는 사람이 있음을 그분은 아시려나. 즐거운 자리에서는 노래 강권하는 분위기도 많았는데 그때마다 위기를 어떻게 넘겼을까. 노래방이라도 가게 될까 봐 회식 자리가 부담스럽지는 않았을까. 노래 없이 견딘 오빠의 삶이 측은하다. 상처를 준 사람은 모르는 일이니 극복하고 즐겼어야 하는 건 오빠의 몫이 아니었을까.

듣는 것은 좋아하지만 노래를 시킬까 봐 겁을 내는 사람도 있다. 전쟁 후, 노래를 잘할 수 없는 학생들이 양산된 것은 시골 초등학교에 오르간은 한 대, 연주할 수 있는 선생님도 한두 분밖에 계시지 않았던 까닭이리라. 두 학년씩을 모아 놓고 음악 수업을 했다니 연습 시간이 절대적으로 부족하지 않았겠는가. 지금처럼 음악에 둘러싸여 사는 시대도 아니었으니 음악적 감성을 얻는 것은 수업 시간뿐이었던 시대의 슬픈 이야기가 아니랴. 요즈음, 금방 말 배운 아이가 동요를 부르고 음악만 나오면 몸을 흔드는 자연체득 과정과 체벌 없는 교실을 보면서 오빠의 노래는 시대를 잘못 만난 탓으로 돌리려니 안타깝다.

나는 오빠들과 아주 다른 경험을 가졌다. 첫 가창 시험에서 선생님께 잘한다는 말씀을 들었다. 선 칭찬이면 후 발전인가. 의례적이었을 말씀을 사실인 줄 알고 아무 때나 부르고 다녔다. 거기에 6학년 때는 특별한 담임 선생님도 만났다. 진학 못 하는 친구들을 위해서라며 동요는 물론, 한국 가곡까지 가르치셨다. 고교에 진학해서 명곡집을 넘겨 보니 외국곡 외에는 이미 다 아는 노래였다. 선생님은 우리 가곡을 알고 모름이 쉽게 드러나는 교양의 척도쯤으로 생각하셨을까. 가창 부분 고교 교육과정을 초등 6년에 모두 이수한 친구들이 우리 반 외에 또 없지 싶다. 매일 노래를 한 덕분에 우리는 하굣길 신작로까지 오선지 삼아 노랫가락을 동동 띄워 놓고 다녔다. 선생님께 배워서인가. 나도 노래 가르치기를 좋아하였다. 학생일 때는 합창부에 들어가기도 했고, 학교에서는 합창을 지도하기도 하였다. 나와 마주 선 귀여운 얼굴들이 고운 화음까지 내주던 기억을 떠올리면 지금도 눈이 가늘어진다.

스스로의 치유를 위해서일까. 우리는 기쁠 때도 부르지만 슬플 때도 노래를 듣거나 부르며 위안을 받는다. 오빠의 생활이 더 건강하려면 아픈 기억을 털어내야 하지 않을까. 오빠의 노래 사연을 듣고 '나 홀로 노래방' 처방을 내린 사촌 동생도 있다. 산 위에서든 노래방이든 어떠랴. 마음껏 소리부터 질러봐야 하리. 긴 세월 어둠에 갇힌 오빠의 노래가 하루빨리 밝은 빛 속으로 터져 나오기를 바란다. 노래가 추억이고 기쁨이고 위로라고 생각하는 사람이 나뿐이겠는가.

(2018년)

대쪽

새벽을 열어 준 장닭과 함께 할아버지는 말문을 여셨다. 할머니와 농사일부터 교육 문제, 집안일, 때로는 동네일까지 말씀을 나눈 뒤 라디오를 틀어 뉴스를 들었다. 어쩌다 큰방에서 듣는 두 분의 새벽 대화가 나에게는 단꿈이 되기도 했다.

부지런한 할아버지는 큰 힘이 필요하지 않은 일은 당신이 직접 하셨다. 세 채의 지붕에 얹을 이엉을 엮는 일은 시간과 품이 많이 드는 일이었는데 일꾼 아저씨가 하는 것을 본 적이 없으니 그 많은 이엉을 혼자서 다 준비하였던가. 달 밝은 가을밤이면 마당에 홀로 앉아 이엉을 엮는 할아버지를 볼 수 있었다. 이엉을 엮을 때마다 집을 짓던 때를 회상하셨을까. '빚을 더 지더라도 애초에 기와를 얹을걸.' 후회하지는 않으셨는지. 기와를 얹기 위해 기둥을 많이 세웠다는

데 두 채의 집터에 다섯 간 반의 겹집을 짓느라 근검절약을 넘어 허리띠까지 조였다니. 기와를 얹지 않은 벌로 묵묵히 이엉을 엮으셨던가. 내가 가꾸던 큰 꽃밭이 있는 것도, 커다란 가마솥 목욕통이 있는 것도 조부모님의 끼니 절약 때문이었나. 두 분이 새벽마다 집 지을 계획을 세우는 동안 걱정도 컸겠지만 한편으로 얼마나 가슴 설레는 시간이었을까.

우리 할아버지의 외출복은 두루마기였다. 양복 차림은 젊은 시절, 면사무소 다닐 때의 단체 사진 속에서만 보았다. 봄가을의 노르스름한 명주 두루마기, 여름의 하얀 모시 두루마기, 겨울철의 옅은 비둘기색의 모직 두루마기가 할아버지의 고정 외출복이었다. 수염이 하얀 할아버지는 이마가 넓고 콧날이 곧아서 어린 나도 잘 생기셨음을 알았다. 두루마기를 입고 구두를 신고 중절모를 쓰고 스틱을 들면 할아버지의 외출 차림 완성이었다. 어머니가 만든 얇은 두루마기도 어울렸지만 아들의 선물이었던가. 서울의 유명 한복집에서 만들어 온 질 좋은 감의 겨울 두루마기 차림은 화려한 색의 여자 옷보다 훨씬 세련되어 보였다. 크신 편인 키와 곧은 자세, 좋은 인물이 옷까지 돋보이게 했다.

할아버지의 사십 대에는 동네의 젊은이들이 무서워하는 어른이었다. 농촌은 추수 뒤에야 돈이 돌았다. 한꺼번에 새경을 받는 일꾼들도 그때만큼은 주머니가 넉넉했다. 밤이 길어 노름하기에 좋은 겨울 저녁, 할아버지는 사람들이 그 일을 할까 봐 동네를 도셨다. 해방 전, 성행하는 도박 때문에 하룻밤 사이 전답 문서의 주인이 바뀌기도 하고 밤을 타서 도망을 가는 사람도 있었다 한다. 할아버지는 행여 먼 곳 사람이 원정 오는가, 걱정이 컸다. 절약하여 땅을 사고 살림을 일궈야 하지 않겠느냐, 이렇게 가난해서는 일본인을 내보낼 수 없다, 애들 학교도 못 보낸다며 타이르느라 밤마다 마을을 돌았기에 밤잠을 설치는 일이 많았다고 한다. 끈질긴 할아버지의 눈을 피하고자 골방에서, 다락방으로, 평소 이용하지 않는 문중회관의 다락까지 장소를 옮겨가며 이불을 문 앞에 걸어 놓고 했다니 바른생활 할아버지에게는 지극히 안타까운 일이었나 보다. 포기 없이 쫓아다니신 할아버지 노력의 효과는 지성이었으니 감천이었을까. 여러 해 지속한 단속으로 병까지 얻으셨다니 외로운 농촌운동가의 추운 행보가 가져온 훈장이었다.

할아버지의 일은 동네에만 국한되지 않았다. 족보를 만드느라 분주하셨던 몇 해가 있다. 내가 중학생일 때 대구와 전국 각지의 달성 배씨들이 가방이나 보자기를 들고 족보를 만드는 본산이었던 우리 집 대문턱을 넘었다. 우리 본이 대구인데도 그곳에서 하지 않고 왜 우리 마을에서 했을까. 우리 동네가 배씨 집성촌으로 가장 큰 마을이어서인지, 번갈아 만들었는지 그때는 알아볼 생각도 못 했다. 서로 처음 보는 분들이 어느 분의 몇 대 손인지 항렬을 가려 족보 서

열에 끼워 넣는 작업은 시간이 꽤 걸리는 일인가 보았다. 일가의 흥성을 꾀하고자 노력한 할아버지는 공익을 위하는 일이면 당신의 수고쯤은 즐거이 내놓으셨나 보다.

1901년생인 할아버지는 새로운 공부가 필요함을 깨달으셨다. 한학을 하다 뒤늦게 학교를 마치고 일본 유학을 위해 바다를 건넜다. 길어지는 고학의 세월이 영양 부족을 불러왔는가. 병이 심각해서 학업을 마치지 못하였다 한다. 꿈을 이루지 못한 할아버지의 고개 숙인 귀향길을 짐작해 본다. 배우기 좋아하는 분은 가르치기도 좋아할까. 할아버지는 첫 손자가 걸음마를 시작할 때부터 산으로 들로 데리고 다니며, 보는 것마다 신기하여 시시콜콜 질문 많은 손자에게 일일이 설명하느라 애썼다 한다. 할아버지가 설명해 주신 내용을 거의 다 기억하는 오빠는 자연현상에 대한 궁금증을 말 배우는 나이부터 알게 되었다고 말한다. 그 때문일까. 과학자가 된 큰오빠 논문의 서문 첫 문장은 '내게 과학을 가르쳐 주신 할아버지께'이다. 큰오빠와 둘째 오빠는 천자문도 잘 익혀 할아버지를 기쁘게 해 드렸다는데 내게는 그 기회가 오지 않았다.

사랑방의 벽장 속에는 한서로 된 새 책이 가득 쌓여 있었다. 매끄럽고 얇은 종이의 책은 깨끗하게 인쇄되어 있었고 단정하게 제본된 책이었다. 함부로 할 책이 아닌 듯 귀하게 보였다. 할아버지가 서당 다니실 때의 손때 묻은 책도 있었겠지만 전대부터의 소장 도서들이었을까. 일본말을 배워야 했고 이어서 한글 시대가 오니 한문 도서의 쓰임은 없으리라 생각하셨나. 처음에는 손을 못 대게 책을 아끼셨지만 손자들의 제기 만들기, 연 만들기, 벽지의 초배지로 흐지부지 쓰여도 그냥 내버려 두게 되었다. 세월이 흘러 옛 도서들의 희소가치가 높아지니 그때 그 책들이 생각난다. 지금껏 있었더라면 귀중한 옛 자료들이 되었으려나. 어렸기에 무슨 내용이 씌어 있는지 여쭙지 못하고 말았지만 오래전부터 아깝게 생각하고 있다.

할아버지는 새로운 특용작물을 시도하는 데도 앞장서곤 했는데 모두 책을 보며 한 일들이었다. 농민들을 위한 잡지를 정기 구독하다가 어느 해에는 당귀 농사를 처음 지었다. 밭 근처에만 가면 향기로운 냄새가 온 밭과 주변까지 덮어 기분이 좋았지만 판로 개척이 어려워 큰 소득은 보지 못했다고 들었다. 첫 결실이 잘 팔렸더라면 우리 마을이 당귀 특산지가 되었을지도 모르겠다. 양파나 마을의 주 생산지가 된 것도 새로운 일의 시도에 겁내지 않고 시작한 할아버지의 공이 있다 생각되어서이다. 동네에 목화연구소가 생겨서 마을 논의 삼분의 일이 목화밭이 된 적이 있었다. 이제나저제나 목화가 심어지기를 기다리는데도 빈 밭으로 지내고 있었다. 할아버지는 목화연구소와 군청 등에 언제쯤 목화를 심느냐 묻다가 수긍할 만한 답을 못 들으셨기에, 아까운 농토가 몇 년째 놀고 있어 안타깝다는 내용의 청원을 청와대까지 보내 답을 받으시는 것을 보았다. 진척이 안 보이니 모두들 불평만 하고 말았지만, 할아버지에게는 지나칠 수 없는 일이었나 보다.

할아버지는 할머니에게 '꾀 없는 양반'으로 불리셨다. 말씀에 거짓이 없고 임기응변이나 듣기 좋은 말은 하지 못하여 얻은 별명이다. 세수를 늘리고자 농주 제조가 불법이 되어 단속이 시작되었을 때다. 술독 둔 곳을 찾는 단속반에게 그대로 일러주어 집안이 기울 만큼의 벌금을 물었던 이야기는 온 면내에 퍼져 모두의 걱정거리가 되었다. 그 빚이 얼마나 컸는지 큰 논을 팔아야 했다니 군사정부의 서슬 퍼런 시절의 이야기이다. 숨겼다가 발각되는 수치보다 먼저 말하는 쪽을 택하신 할아버지는 돈보다 명예를 더 중히 여기셨던 것일까. 눈앞의 이익보다 정직을 택하셨기에 할아버지의 말씀은 동네를 이끄는 힘이 되었지 싶다. 한편 우리 집의 맛있는 술은 우리 면의 술도가에 옮겨져 근처 애주가들의 환성을 샀다는 후일담이 있다. 각 가정과 지방의 술 제조 방법들이 그때 다 사라져 버렸기에 우리나라의 전통주가 맥을 잇지 못한 손실이 매우 크다고 한다.

나의 혼담이 오갈 때 우리 시아버님은 당신의 막내가 사귄다는 아가씨의 집안이 궁금하여 우리 집을 방문하러 읍에 내리셨다. 바꿔 탈 버스를 기다리다 제자를 만났는데 '그 댁이라면 가실 필요 없습니다. 돈은 없지만 교육열 강한 집

안으로 자녀들을 올곧게 키우셨습니다.' 이 근방 사람 누구에게든지 더 물어보아도 된다고 하자 시아버님은 그냥 올라오셨다 한다. 할아버지에 대한 평판으로 며느릿감을 쉽게 허락하시다니, 교육을 중시하신 아버님과 생각이 같아서였을까. 할아버지의 독서열은 뇌출혈로 인한 치매가 왔을 때도 책을 들고 계심으로 증명되었다. 미국의 오빠가 와서 할아버지께 문안드릴 때도 책을 보고 계시기에 '보면 아시겠어요?' 여쭈니 '몰라도 그냥 본다.' 하시더란다. 할아버지의 손자 손녀들이 늦도록 배움을 즐기는 것도 그냥 있는 일이 아니던가.

할아버지 가실 즈음 사랑 쪽 지붕 흙이 쏟아지고 목욕간 솥에 구멍이 났다 한다. 손수 짓고 들여놓은 것이어서 미리 슬퍼했을까. 우리들 마음에 빛으로 남아 있는 할아버지가 떠나신 지 올해로 사십 주기가 된다. 시계추 같던 시기를 보내고 지난 일을 돌아볼 여유가 생겨서일까. 근면, 정직하셨던 할아버지는 교육과 독서로 세상을 바꾸기 위해 노력하였던 대쪽 같은 선비셨다. 자랄 때 본 할아버지의 생을 짚어 보다가 그분이 어두운 시대의 행동하는 선각자이셨음을 깨닫게 된다.

(2019년)

소나기 뒤의 무지개

　교무실에 가니 동료가 연가 신청을 하고 있었다. 아들이 입대한단다. 나와 그분의 엄마 역할이 극명하게 비교되는 순간이었다. 나는 입대하는 아들을 고속버스터미널 앞에서 내려 주며 잘 갔다 오라고 손만 흔들었다. '함께 갈까?' 묻는 내게 '제가 어린애인가요.' 하며 사양하는 말을 곧이들었다. 그뿐인가. 군대 간 아들, 면회 한 번 못 해 본 부모가 우리 말고 또 있을까. 딸아이가 대학 때 친구와 함께 여행을 갈 때도 나는 버스정류장까지만 갔는데, 그 친구는 친, 외조부모, 부모, 이모까지 소대가 공항에 나왔다고 한다.

　그런 일은 어릴 때부터였나. 손녀의 생일에 우리 직계 가족이 다 모였을 때이다. 이야기 중에 엄마가 자기들을 버려두고 가서 얼마나 서럽고 무서웠는지 국제미아가 될 뻔했다고 힘들었던 이야기를 꺼내서 나를 당황하게 했다. 1988년,

우리나라에서 올림픽이 열리던 해에 해외여행이 자유로워졌기에 다음 해 5, 4학년인 아이들을 데리고 미국의 오빠 집에 갔다. 봄에 오빠 집으로 가신 어머니와 오빠 가족들을 만나고 여행도 하기 위한 방문이었다. 일주일도 틈내기 어렵다는 회사 때문에 애들 아빠만 빠진, 세 식구의 한 달이 다 되는 여행이었다.

대학에 적을 둔 오빠도 방학이니 여러 날을 함께 여행하였다. 세계 최초로 지정되었다는 옐로스톤 국립공원은 오빠네 가족도 못 가 봤다며 아홉 식구가 대형 캠핑카를 빌려 떠났다. 작은 집 한 채를 싣고 떠나는 것 같이 완벽한 가재도구를 갖춘 RV(Recreational Vehicle)는 아이들은 물론 어른들에게도 놀라웠다. 공원 곳곳에서 솟는 용천수와 간헐천, 온도에 따라 사는 박테리아가 달라서 화려한 색깔의 띠를 이루는 못 주변, 떼를 지어 다니는 물소, 사슴 등의 무리와 곰 가족을 수시로 볼 수 있어서 탄성이 절로 나왔다. 나흘을 돌아다녀도 다 못 볼 만큼 넓은 공원이었다. 우거진 숲 사이사이에 펼쳐진 초원, 그 속의 야생화, 산과 산 사이의 수량 풍부한 계곡 등, 잊지 못할 풍경은 첫 여행에서 볼 일이 아니었지 싶다. 세계 여러 곳의 아름답다는 곳을 볼 때마다 옐로스톤에 비교하는 버릇이 생겨서다.

옐루스톤에서의 마지막 날, 갑자기 내린 소나기에 푹 젖었다. 그동안 놀라워한 좋은 경치를 상쇄시킬 만큼 추웠다. 산 아래는 한여름의 더위가 맹위를 떨친다는데. 고원의 밤

추위에 못지않게 추워서 떨며 내려오는데 갑자기 눈앞이 환해진다. 해밀에 무지개가 걸렸다. 하늘이 넓으니 무지개도 큰가. 넓은 하늘 반쪽을 가득 채웠던 쌍무지개, 색깔이 그처럼 선명하고 큰 무지개를 또 볼 기회가 있으려나. 고생 끝에 낙이라더니 소나기 끝에 따라온 무지개 행운이었다. 그런 무지개를 또 볼 수 있다면 소나기에 몇 번을 더 젖어도 좋으리.

옐로스톤 국립공원을 떠나 이곳저곳을 들러 돌아온 다음 날이 귀국하는 날이었다. 짐 싸기도 바쁜데 차를 깨끗이 청소해서 반납하면 캠핑카 렌트비를 아낄 수 있어서 오빠와 언니가 새벽부터 청소에 나서기에 나도 나갔다. 옐로스톤의 밤바람이 어찌나 세던지 출입문의 쪽 유리 하나가 깨졌었다. 그 값도 기백 달러라기에 청소비라도 줄이자고 두어 시간을 매달렸다. 차의 반납 시간을 아슬아슬하게 지키고 서둘러 공항으로 갔다. 그런데 해외여행의 체크 리스트 첫째인 여권이 없다. 집을 거의 비우고 돌아다녀야 해서 오빠의 금고 속에 넣어 두라고 맡겼었다. 나는 맡겼으니 오빠를 믿고, 오빠는 자신의 여권이 아니니 잊고 있었을까. 첫 여행이어서 여권 소지가 머리에 뚜렷이 새겨 있지 않았음이 더 큰 이유였겠다.

차 청소는 뒤에 하고 귀국의 중대사를 앞에 둔 나의 여행부터 챙겼어야 했던가. 비행기표는 없어도 된다지만 여권 때문에 안 되었다. 귀국일을 다른 날로 받아야 하는데 방학

끝 무렵이라 세 사람이 같이 탈 수 있는 날이 없었다. 다 같이 오려면 개학 이후에나 가능하고, 직항이 아닌 일본 들렀다 오는 것이 하나 있었다. 나는 딸아이를 불러서 "생각해 봐. 개학 날 선생님이 안 계시면 어린 2학년 동생들이 갈팡질팡할 거야. 외삼촌이 태워주실 테니 네 동생 잘 챙겨서 나중에 와, 응?"

자리가 나면 연락한다 해서 아이들 귀국 날짜는 정하지 못하고 나만 다음 날 돌아오기로 했다. 아이들이 저학년일 때 같은 학교 다니던 나는 빨리 가야 한다면서 먼저 가는 일이 많아 서운했다는데 비행기도 저희끼리 타고 오라니 눈물이 나더란다. 더 머물면서 영화관, 과학관, 바다 구경에 신이 났던 작은아이는 집에 가는 일은 누나만 따르면 되니 그랬을까. 큰아이의 입장이 되어 보니 내 반 학생들 염려하느라 내 집 아이들 안위에 눈감았던 냉정함이 가슴을 울컥하게 했다. 나 없어도 학교는 잘 돌아갈 텐데 왜 그렇게 내가 해야만 한다고 생각했을까. 내 아이는 내가 돌봐야 하지만 나 없는 교실은 교감 선생님이라도 대신 가실 게 아닌가.

나로 인해 불편을 겪을 학교에 지나치게 소심하지 않았는가. 지금은 담임 대신 들어갈 수 있는 선생님이 여러 분 계시지만 그때는 교사 수와 학급 수가 같은 때이니 결근이나 연가는 크게 병나지 않은 이상 생각도 못 하던 때였다. 그렇더라도 아이들을 두고 나만 먼저 온 것은 잘못이었던가. 김포공항에 도착하니 애들 아빠가 나를 반기다 내 뒤를 살펴보고 '애들은?' 물었다. 함께 못 왔다고 하니 순간 실망하는 표정에 나는 죄인이 되었다. 아이들을 못 보는 서운함이 그렇게 컸을까. 남편은 두말없이 휘적휘적 앞으로 가 버렸다.

너덧 새 뒤였을 거다. 아이들을 공항에 데려간 오빠는 같은 비행기를 타는 한국 사람을 만나 태워 달라고 부탁했다 한다. 그 사람은 게이트까지라고 생각했던가, 그다음엔 볼 수 없었단다. UA항공이 한국어 방송을 안 해 주었고, 아이들은 태워 줄 그 사람만 불안스레 기다리는데 다른 남자 어른이 물었단다. "한국 애들 같은데 표를 보자." 그때는 게이트에서 좌석을 정했다는데 선착순이었기에 흡연석만 남았다. 흡연석, 금연석을 가릴 때가 아니었다. 어려움에 처한 아이들을 돌보아 주신 고마운 분이 계셨기에 비행기를 놓치지도, 국제 미아도 되지 않았으리. 그분은 비즈니스석이었는데도 맨 뒤까지 아이들을 보러 몇 번씩 왔고, 김포공항 로비까지 데리고 나와서 남편에게 인계했다. "아빠, 이분이 우리를 돌봐 주셨어요." 잘 올까 걱정이 많던 남편은 그분께 깊이 머리 숙였다. 도착했다는 전화에 오빠도 안심하며 혹시 비행기를 못 탄 아이들이 다시 나오나 해서 두 시간이나 더 공항에 머물렀다 했다.

2학년의 반 학생들과 5학년의 내 아이를 비교하여 어린 쪽에 더 마음을 썼던가. 반 학생들에게 담임이 없으면 큰일 나는 줄 아는 꽉 막힌 선생 엄마가 자기 애들은 이국의 공항에서 불안에 떨게 하고, 엄마로서 할 일들은 여러 사람에게 나눠 준 셈이 되었다. 큰애는 두 팔 벌린 아빠에게 안기는 순간 안도의 눈물과 함께 양어깨가 스르르 가벼워지는 느낌을 받았다 했다. 엄마 없이 한국까지 와야 한다는 중압감이 그리 컸을까. 내가 떠날 때부터 짊어진 짐이 줄곧 웃음을 잃게 했다는데, 아들아이는 미 승무원에게 주문하는 재미, 제 아는 몇 마디 영어를 써 보는 재미에 즐겁게 왔단다. 맏이의 책임감이었을까, 여자아이의 조심성이었을까. 둘째의 자리는 미국 여행이 즐거움만으로 기억되는 대신, 큰애에게는 행복했던 전반부의 여행과 두려웠던 귀국의 두 부분으로 나뉜다.

사람은 곤경을 겪을 때 성장하는가. 아이들은 영어 사용자들의 세상을 경험했고 영어를 모르는 어려움도 겪었기에 공부해야 한다는 자각과 함께 자신들의 일을 스스로 개척하는 '용감이'들로 자랐다. 내 일이 바빠 일찍부터 아이들을 믿고 맡길 수밖에 없었던 환경이 한몫했던가. '우리 엄마는 진정한 프로'였다고 하는 큰아이의 평가는 칭찬일까, 서운함일까. 아무래도 후자이지 싶다.

(2019년)

내 삶을 지키는 단어

　사람들은 어떤 삶의 지표를 가지고 살아갈까. 자주 만나는 이들에게 물었더니 정직, 성실, 건강, 열정, 사랑, 행복 등의 단어들을 들었다. 급훈이나 가훈 같다는 생각도 들지만 나 역시 그 의미를 중요하게 여기고 실천하려 노력한다. 하지만 내게는 운전 중에 깨달은 두 개의 덕목이 더 있다.

　남편을 옆에 태우고 처음 가는 길을 찾아 나섰다. 내비게이션도 없던 시절, 대충의 위치를 전화로 알아보고 갔는데 쉽게 찾아 일을 빨리 마쳤다. 걱정하며 갔던 길을 되돌아오면서, 이런저런 길을 매번 잘 찾아 기분이 좋았기에 뽐내고 싶어졌다. "나는 왜 이렇게 길을 잘 찾는 걸까요." "그러게, 당신 참 대단해요." 남편의 맞장구까지 들은 나는 한껏 으쓱했는데 그다음 날 나의 의기양양한 자신감은 여지없이 무너졌다. 같은 곳을 갔다 오는 길이니 방심했을까. 퇴계로

뒷길에서 일을 마치고 서울역 고가도로에서 좌회전할 곳을 놓쳐 마포로 빠졌더니 길이 꽉 막혀 있었다. 전날 이십여 분 걸린 길을 두 시간 가까이 시달리면서 어제 한 그 말 때문인 것 같아 얼마나 주워 담고 싶었는지 모른다. 자화자찬은 남편한테도 하지 말았어야 했던가.

교통사고의 원인 중에 졸음운전의 비중이 크다는 신문 기사를 읽은 날, 당시 십여 년 운전을 해 왔어도 졸려 본 적이 없었기에 "운전을 하면서 어떻게 졸지. 달리는 흉기라는데. 운전할 때만큼은 안 졸리더구먼." 했다. 이틀 후, 이웃 동네에 살던 후배가 멀리 이사해서 집 구경 가던 길이었다. 나른한 봄날의 토요일 오후, 후배가 점심 먹은 직후이어서 노곤했던지 "죄송해요. 저 좀 자도 될까요." 하기에 "그럼. 어서 자요." 흔쾌히 대답해 주었다. "운전석 옆은 자는 자리가 아니라는데." 하면서 후배는 눈을 감았다. 먼 길 출퇴근하느라 힘들겠다고 생각한 지 일이십 초나 지났을까. 갑자기 내게도 졸음이 몰려왔다. 눈꺼풀이 천근만근, 이러다 큰일 내겠다 싶은데도 막무가내였다.

창문을 열고 심호흡을 하였다. 노래를 부르고 시를 외우고 소리도 질러 보았다. 큰 소리로 기도문도 외웠다. 볼을 때려 보고 꼬집기도 했는데 차 안을 수면장막이 내리누르는 걸까. 수마는 물러가지 않고 후배도 달싹하지 않는다. 눈꺼풀을 비벼 보고 힘을 주어 올려 보는 데도 수십 킬로그램쯤 되는가. 금세 내리덮인다. '세상에서 제일 무거운 게 뭐냐. 졸릴 때 눈꺼풀이다.'라는 수수께끼와 '고문 중에 잠 못 자게 하는 고문이 최상이다.'라는 이야기를 실감하던 시간이었다. 차를 옆에 세워 놓고 잠시 쉴 처지도 아니었다. 올림픽대로는 갓길도 없는 준고속도로이지 않은가.

 나를 단련시키는 분이 '이만하면 잠 이기는 장사 없다는 거 알았니, 어떤 일로도 큰소리는 하는 게 아니란다.'를 가르쳤다고 생각하였을까. 졸음장막이 순식간에 걷히자 거짓말처럼 바로 그때 후배도 눈을 떴다. 십여 분을 졸려서 혼났다고 하니 깨우지 그랬느냐고 한다. 노래를 불러도 손뼉을 쳐도 구구단을 외워도 꼼짝 않고서는. '운전하면서 어떻게 졸 수 있을까.' 하던 내 큰소리가 무색해졌던 날이다. 그때 이후 겪어 보지 않은 일로 '어떻게 그럴 수가 있지.' 하는 입찬말은 하지 않기로 하고 있다. 내게 그런 일이 없었다면 감사해야 할 일이 아니던가.

 어느 날 아파트를 나서니 고속버스터미널에서 이수교차로까지의 차들이 꼼짝도 못 하고 있었다. 삼거리를 막고 있으니 좌회전 신호가 서너 번 바뀌도록 나갈 수 없었다. 이수교차로에서 사고라도 났을까, 건너편 길은 차 한 대도 없다. 기다리다 못해 좌회전 신호를 받아 차들을 뚫고 나가는데 일차 선에 서 있는 버스들 사이에서 신호가 끝나 버렸다. 직진 신호이지만 차들은 여전히 움직이지 못했다. 내가 갈 길은 비어 있으니 가로막지 말고 빠져나가는 게 옳을 것 같았다. 큰 차에 가려 있어 오른쪽을 살피며 살금살금 나가는데 내 바로 옆 버스가 '빵' 한다. 조심하라는 경적이었을까, 멈추라는 신호였을까. 멀리 볼 수 있는 버스 기사는 달려오는 차가 보였던가. 길게 늘어선 차들을 마주 보며 가는 것이 민망하고 미안하여 샛길로 들어서는데 급브레이크 밟는 소리가 길게 들렸다. 언제 왔을까. 승용차가 내 뒤에서 댓 바퀴를 팽이 돌 듯 돌았다. 분명히 한 대도 안 보였는데 얼마나 빨리 달려왔으면 저럴까.

시속 백 킬로미터도 훨씬 넘는 속도였을까. 빙판에서 급하게 브레이크를 밟으면 차가 휙 도는 것은 알지만, 멈추는 차가 그렇게 오랫동안 회전하는 것은 처음 보았다. 나는 이미 큰길에서 나왔지만 너무 놀라서 섰다. 그 차의 운전자가 내리더니 나를 보고 "거기서 나오면 어떡해요." 한다. "왜 그렇게 무섭게 달려요. 이 꽉 막힌 상황에서 어찌 될 줄 알고." 이십 대 초반의 그 젊은이, 2km 이상의 텅 빈 거리를 보고 질주 욕망이 솟구쳤을까, 제 차가 얼마나 빨리 가속되는지 실험을 한 것일까, 촌각을 다투는 일이 있었을까. 늘어선 차의 운전자들이 큰일이 나는 줄 알고 눈이 휘둥그레 있다가 젊은이를 나무랐나, 그가 서둘러 떠났다. 샛길로 빠지지 않고 그대로 가다가 그 청년의 속도 빠른 큰 차에 받혔더라면, 내 작은 차는 휴지처럼 구겨졌으려나. 천우신조라는 말은 그런 때 쓰나 보다. 차가 꽉 막힌 거리를 볼 때면 그때 생각이 나고 감사하게 된다.

   하느님은 사람이 태어날 때 누구에게나 수호천사를 함께 붙여 주신다고 한다. 수호천사는 나를 다듬어 쓰려고 곤란한 지경에 처하게도 하지만 위기에서 구해 주는 고마운 손이 아닐까. 찰나의 순간에 나를 살려주었듯이 위험한 순간 순간마다 내 옆을 지켜 주셨다. 나는 안전띠를 매면서 나도 다른 사람도 안전하게 운전하도록 주의와 보호를 청한다. 청하는 순간 겸손해지는가. 겸손해지면 경력은 멀어지고 초보운전 시절이 가까이 온다. 신앙생활에 열중하려던 때에 일어난 일들이기에 특별한 깨달음으로 남은 일들이다.

   (2013년)

아버님의 유산

　신랑감들을 소개받던 때, 우리 어머니는 내가 결혼해서라도 아버지를 부르며 살아야 한다고 하시며 아버지 안 계신 총각은 모두 안 된다고 하였다. 나의 외할아버지가 일찍 세상을 떠나셔서 외할머니는 우리 어머니를 시아버님이 계시는 집을 골라 시집보냈고, 젊은 나이에 남편을 잃은 우리 어머니도 내게 그러셨다.

　내 아버지는 박학다식하다고 '걸어 다니는 백과사전'으로 불렸다고 한다. 방송국에서 근무하다가 중학교에서 영어 선생님을 하실 때 전쟁이 났다. 아버지는 라디오를 만들 수 있고 무전기도 잘 다룬 때문인지 납북되어 생사를 모르게 되었다고 한다. 민족의 불행으로 나는 아버지의 눈길 한번 받지 못했고 대신 내가 사진 속의 아버지에게 젖은 눈을 보여 드린다. 맏아들이 두고 간 선물이라고 할머니는 나를 아들 보듯 애지중지하였다. 할아버지와 할머니, 어머니, 여러 삼촌과 고모들에게 사랑을 듬뿍 받고 자랐지만 아버지 사랑은 따로 받아야 하는 것인가. 친구들이 아버지 자랑을 하면 눈이 더워지도록 부러웠고, 우리 아이들이 아빠와 깔깔거리며 즐겁게 놀 때 나는 그들의 행복한 유년에 질투가 난 순간도 있었다. 아버지가 보고 싶고 아버지를 부르고 싶다는 이루어질 수 없는 바람은 시아버님이 생기고 내 아이들의 아빠를 많이 부르게 되면서 다소 줄어들었다. 그러나 여전히 뜨거운 목을 삼켜야 하는 그리움으로 남아 있다.

아버님이 계신 것으로 유력한 결혼 조건을 갖추었던 남편이 나를 아버님께 선보이던 날, "너도 나와 같은 교육자로구나." 하며 두 분이 함께 반겨 주셔서 뵙자마자 부모님을 좋아하게 되었다. 아버님은 1909년 경기도 이천에서 태어나셨다. 할아버님은 부지런하고 절약하는 분이어서 살림을 크게 일으키고 자녀 교육에도 관심이 크셨던 듯하다. 아들에게 신학문을 시키려고 아버님이 열한 살 때 서울 운니동으로 이사를 하였다. 아버님은 월반을 거듭하여 경성의전을 졸업하고 현 서울대학병원 교수가 되었다. 때마침 지방 국립의대를 설립하던 분이 아버님께 남행을 권하였는데 그것이 아버님께는 사는 길이셨나. 한국전쟁이 나자 서울대학의 교수들이 다수 납북되었지만 남으로 오신 아버님은 피할 수 있었다고 한다.

그 대신 퇴근길에 군인들에게 이끌려 바로 군의관이 되었다. 가족들에게 몇 달간이나 당신의 생사를 알릴 수 없었고, 아버님 또한 그들의 안위를 알 수 없었다. 그때 배운 담배로 골초가 되었지만 서로의 생존을 확인한 뒤 즉시 끊을 정도로 의지가 강하셨다. 사십 대에 발병한 당뇨병도 애첩처럼 달래가며 사는 것이라고 식사 조절과 운동으로 다스려 산수까지 건강하게 사셨다. 대학병원장을 여러 해 하는 동안 군사정권의 부패 척결이라는 몇 차례의 회오리바람이 불었는데도 의연할 수 있었던 것 역시 청렴 의지가 확고했던 분이기에 가능했다 한다.

아버님은 노자와 장자를 좋아하셨다. 특히 노자의 '무위이무불위'를 설명하던 흐뭇한 표정은 도를 터득하신 분의 얼굴로 비쳤다. '노자'와 '손자병법'과 '주역'은 세 권씩 또는 여섯 권씩을 구입하여 줄을 긋고 동그라미를 그리고 설명을 덧붙인 다음 여섯 남매에게 나눠 주셨다. 십여 권의 책에 한 권 한 권 붉은 줄 푸른 줄에 설명을 쓰느라 어두워진 눈으로 얼마나 노고가 크셨을까. "이 책을 정독하고 인간의 자유, 자각, 주체를 체득하여 '무위이무불위'를 이해하라"고 '노자' 속표지에 씌어 있어 오래된 책 냄새보다 아버지의 진한 사랑의 향기를 먼저 맡는다.

우리 아버님은 대단한 절약가이셨다. 맏아들이 의과대학에 입학하고 감사의 뜻으로 사 드렸다는 가죽장갑이 삼십 년, 회갑 때 산 이 구두는 이십 년 하면서 오래오래 새것처럼 쓰셨는데 잃어버리지 않는 비결이 있었다. 외출을 할 때는 정해진 순서대로 번호를 세셨다. 모자는 1번, 안경은 2번, 지갑은 3번……. 들고 날 때마다 손으로 짚어 가며 확인하니 손수건 한 장 어디에 놓고 오는 법이 없었다. 잃어버린 물건이나 돈이라면 사람마다 할 이야기가 많을 터인데 아버님처럼 평생 무엇을 잃어버리지 않은 사람이 또 있을까. 퇴직할 때 거금의 장학금을 맨 처음 희사하여 그 학교에 전통을 만든 일은 소지품 잘 챙기는 습관과 절약 정신에 기인하지 싶다.

손자를 사랑하지 않는 할아버지가 어디 있으랴만 내게는 더욱 잊지 못할 사건이 있다. 여름방학을 하자마자 두 돌이 안 된 아이를 부모님 댁에 데리고 갔는데, 끓여서 막 내려놓은 보리차 주전자를 제 발에 쏟아 순식간에 두 발등이 익어버린 사고가 났다. 나는 식사 준비에 바빠서 낮잠 자는 아이에게는 눈을 주지 못했는데 언제 일어났는지 주전자를 들다 무거워 놓쳤던가 보다. 욕실에 계시는 아버님을 기다리는 동안 아이 발을 수돗물에 대자마자 순식간에 살갗과 살점이 떨어져 나왔다. 아버님은 속옷 바람으로 뛰어나와 응급처치를 하시면서 줄줄줄 우는 나와 아이를 달래야 하셨다. 매일매일 약을 바르고 붕대를 감을 때마다 떨어져 나오는 살점과 피 때문에 나는 매번 눈물이 나는데 "우리 손자 좀 봐라. 아이들은 버둥거려서 약 바르기도 어려운데 잘 참고 있구나. 장하다, 장하다. 우리 손자." 노래하듯 아이를 칭찬하며 치료하셨다. 할아버지의 사랑과 칭찬 때문에 더 잘 참았을까, 잘못하면 발가락이 다 붙어 조막발 되어 못 걷게 된다는 말을 알아들었을까. 다 낫거든 가라고 하셔서 그해 여름방학 전체를 부모님 댁에서 보냈다. 다쳐도 피부과 병원 할아버지 댁에서 다쳤으니 그 얼마나 다행스러운 일이었던지. 상경하고 며칠 후 아직 진물이 조금 나온다는 대답에 직접 확인하러 먼 길을 오셨다. 새벽부터 늦은 저녁까지, 오로지 어린 손자만을 위한 왕진이었다. 벌써 삼십 년도 더 지난 일이어서 다쳤던 흔적도 없지만 치료하시던 모습과 지극 정성의 사랑을 받았다는 느낌은 어제 일처럼 또렷하다.

우리 아버님은 "행복은 누가 주는 게 아니라 자기가 만들고 느끼는 거다."라고 하셨다. 좋아하는 일을 하나 찾으면 열중하여 높은 수준에 도달하여 만족할 때까지 그 일에 여가를 바치셨다. 축구선수였던 점이 그렇고 종류별로 장미 기르기, 사진 찍기, 영화감상, 뜰 가꾸기, 새 기르기 등이 몇 년씩 섭렵한 취미였다. 손수 가꾸던 수선화는 해마다 부모님 댁 뜰 가득 피어나 이사 오기 전까지 봄마다 우리들을 불러 모았고 집 앞을 지나가던 사람들도 들어와 보고 가던 꽃이었다. 그 추억으로 가족 모두 수선화는 부모님을 떠올리는 꽃이다. 또 한련도 좋아하셔서 한 해에 두 차례씩 싹 틔워 꽃이 피게 하며 흐뭇해하셨다.

아버님이 학생일 때, 축구에 열중해 있는데 집에 오라는 전갈을 받았다 한다. 그 길로 혼례를 올리고 다시 학교로 돌아갔다니 부모가 정해 주는 대로 따랐던 혼인이었다. 1985년 봄, 부모님은 맏아들 집으로 이사 오고, 그해 가을 회혼례를 하셨다. 혼례복 차림은 쑥스럽다고 하지 않았지만 수많은 손님을 모신 자리에서 아버님은 어머님을 칭찬하고 수고에 감사하며 길게 포옹하셨다. '내 아내가 사랑으로 자녀를 기르고, 검소함으로 집안 관리를 잘해 주었으며, 믿음으로 묵묵히 내조해 주어 오늘의 이 자리가 있다.'고 하셨다. 결혼 육십 주년이면 누구나 회혼례를 할 수 있는 것이 아니라 조건이 있다고 한다, 먼저 보낸 자녀가 없고 이혼한 자녀도 없어야 한다는. 오백만 쌍의 결혼 중에 한 쌍만이 할 수 있는 확률이고, 대한민국 국민의 0.01%만이 회혼례를 할 수 있다는 통계도 있다니 그 어려운 일을 한 것은 가문의 행복이었다.

우리 가족은 모임이 많은데 아버님은 그때마다 가르침의 기회로 삼았다. 공것은 없으니 반드시 대가를 지불하라. 노력하고 잘 관찰하여 기회를 잃지 말라. 은혜를 입으면 반드시 보은하라. 예측 가능한 자녀의 미래에 대비하지 않는 것은 부모의 자격이 없는 것이다. 부모에게 선물을 챙겨 드리는 것은 소효다, 나는 소효는 반기지 않는다. 대효를 하라, 대효는 자손 번영이다, 등. 가르침의 전통은 지금도 남아 모임 때면 윗분들의 당부 말씀이 있다. 이제 아버님은 가훈 속에서 교육하신다. "…… 자손 번영이니 자손을 많이 출산하고 충효의 덕성으로써 국가의 부강과 발전, 동포의 복지 향상, 가운의 융성에 기여할 수 있는 유위의 인물이 되도록 교육하라……." 가을의 회혼례를 앞두고 더운 여름 내내 땀 흘리며 가훈을 썼다는데 아이를 많이 낳으라고 한 것은 그 시대의 산아제한정책을 매우 염려하였기 때문이리라. 특히 많이 배우고 여유 있는 사람은 더 많이 낳아 잘 가르쳐 사회에 내놓을 책임이 크다고 강조하셨다.

현재의 출산율로 가다가는 2500년대에는 우리 한민족이 33만 명으로 줄어 민족이 소멸할 위기가 도래한다는 이야기를 아버님이 듣는다면 얼마나 안타까워하실까. 생각해 보면 모든 것은 사람으로 귀결된다. 사람이 있어야 사람을 위해 일하고 자연도 돌보고 생산하고 소비되어 발전할 텐데 사람이 줄어들어서야 어찌 발전이 있을까. 우리가 출산 가능할 때는 '아버님의 자손 번영'이 시대에 뒤떨어지는 것으로 알았다. 국가의 인구정책에 따라야 하고 기르기 힘들다는 이유로 셋을 낳으라는 말씀을 어겼던 것이 아버님께 가장 큰 불효였다. 아버님이 가신 지 이십 년이 지났지만 오늘도 아버님은 금과옥조를 통하여 말씀하신다. '사람은 사람의 덕에 살고 사람을 위하여 사나니 사람을 도와도 해하지 말라…….' 아버님의 독특한 붓글씨체를 우리 가족은 '강박사님체'라고 부르며 높이 걸어 놓고 따르고자 노력한다.

나는 감사드린다. 하느님께서는 나를 낳아 준 아버지를 빨리 데려간 대신, 고매한 인격자이고 교육자이신 시아버님을 갖도록 보상해 주었음을, 내가 우리 부모님을 사랑하고 존경하듯이 우리 부모님도 나를 사랑해 주셨음을, 아버님을 맘껏 부르게 해 주셨음을.

(2012년 백미문학 '아버지' 특집)

제3부
뒤늦은 숙제

영재교육

　어릴 적의 나는 바늘 할머니의 실 손녀이었다. 가을걷이가 끝나면 할머니는 삼촌들 살림을 돌보시러 서울에 갔는데 입학 전까지 나를 앞세우고 가셨다. 사나흘 걸리는 동생 댁 방문이나 큰집 방문 때도 할머니의 말동무라며 데리고 다녔다. 어린 손녀 수발드는 일의 힘듦보다 말 반찬 재미가 더 크셨을까.

　올해 나는, 세 살 된 손녀를 다시 돌보고 있다. 한 살 때는 내가 돌보았고, 두 살 때는 어미가 기르다 복직을 하여서다. 아이가 잘 걸으니 데리고 나가고 싶다. 혼자 가면 얼른 갔다 올 수 있음에도 부러 아이를 데리고 나서면 채비도 힘들고 갔다 오는 일이 노동이 된다. 그래도 보여 주고 싶은 것이 많으니 어쩌랴. 민들레, 제비꽃을 보여 주고 회양목 울타리 안에 핀 꽃은 안아 올려 보여 주며 팔 근육을 키운다. 보는 것마다 궁금하니 묻는 것 또한 많다. 길에 나온 지렁이를 '무저워.' 하면서도 함께 보자고 한다. 때로 한강 공원으로 나가 푸른 잔디밭에 서면 리사이틀 하는 가수가 되어 율동과 함께 보여 주니 혼자 보기 아깝다. 한강 너머 동네까지 꽤나 먼 거리가 아이 눈에 어떻게 보이는지 묻기도 하지만 아직은 짧은 답으로 만족한다. 구립 놀이방도 가끔 가는 곳이다. 넓은 방에서 이것저것 가지고 놀다가도 또래가 오면 장난감은 뒷전이 된다. 놀이 친구가 필요한가 보다.

동네 소식지를 보니 3월에 두 곳의 어린이집이 생긴다고 한다. 구청장의 약속이 오래되었는데 드디어 실현되나. 낮잠도 안 자고 놀자는 아이가 힘에 부치기도 하거니와 나하고만 있으면 배우는 것이 적을까 봐 걱정이 되었던 터다. 수용 능력이 놀랍도록 늘어가는 아이가 많은 것을 보고, 또래들과 노는 것도 배워야 하니 어린이집이 필요하다. 아이를 새로운 것에 자주 노출시켜야 적응하는 힘도 길러질 터이니 손녀의 교육 환경에 변화가 생기길 기다린다. 구청이 힘든 육아를 지원해 준다는데 뒤쫓는 행정이 아니라 예측하여 앞서 나가 불편함이 없게 해 주면 더욱 고마울 것 같다. 인구 감소로 출산 장려를 하는데 어린이집이 턱없이 부족한 것은 투자의 우선순위가 잘못되었음일까. 어서 개원하여 아이이 발달을 돕기 바란다.

나 어릴 적에 할머니는 내가 한 말이 우습거나 재미있다고 생각한 것은 할아버지나 어머니, 동네 이웃분들에게 옮기고 함께 웃곤 하였는데 요새 내가 그런다. 아이가 말하는 새로운 문장들이 신통하고 놀라워 전해 주기 위해 기억해 둔다. 잊어버릴까 봐 써 둘 때도 있다. 아이의 말은 저 아는 몇 단어를 동원하여 뜻을 전달하니 매우 창의적이다. 그래서 재미를 주는가. 아이와 보낸 일과를 제 부모에게 이야기해 주며 새로 한 말을 들려주고 함께 웃는 일, 아이 기르는 즐거움 중에 으뜸이다. 내 아이들을 기를 때는 남매가 오순도순 사이좋게 노는 것이 행복하더니 이제는 그 범위가 손자 손녀들에게까지 확장되었다. 아이가 자라면서 사촌 오빠, 언니와도 잘 노니 그 또한 보기 좋다. 많지 않은 사촌끼리 자주 놀게 해 주어 커서도 친형제자매처럼 지내기를 바라게 된다. 아이와 지내는 일 중에 힘든 일은 밥 먹이는 일이다. 손자가 밥 잘 먹은 날은 로또를 맞은 것 같다고 말하던 선배를 봐도 내게만 어려운 일이 아닌가 보다. 안 먹으면 치워 버리기를 몇 번 하면 된다지만 할머니가 할 수 있는 일은 아닌 것 같다. 아이가 밥 잘 먹은 날은 기분 좋은 날, 조금 먹은 날은 걱정스러운 날이 된다.

내가 손녀를 돌본다고 하니 어느 선배가 '영재교육'을 하고 있는 거라고 정정한다. 그런 멋진 포장의 말이 있다니. 내 육아도 '영재교육'이라고 할 수 있을까. 그림을 그리고 신문 잡지를 오려 붙이거나 스티커를 붙이며 노는 걸 보고 어미는 당장 색칠 놀이 책을 사고 스티커 북도 들여온다.

잘 그린 그림책과 정교한 그림의 플라스틱 스티커가 아이의 눈을 끌어간다. 아이 눈에도 엉성한 할머니의 수제 놀이재료보다 프로들이 만든 공장제품이 좋아 보이는 모양이다. 소근육 발달을 위해서 바둑알을 늘어놓기도 하고 조각 그림 맞추기도 시작했다. 나 편하라고 그러는가. 요즘 젊은이답게 인터넷 쇼핑을 잘하는 어미는 금방 퍼즐 세트를 갖춰 놓았다. 놀잇감 걱정을 덜었나 했더니 육십 개도 넘는 그림 맞추기도 곧 익숙해진다. 페트병을 모아서 볼링 하자고 끌었더니 병을 굴리다가 차는 일로 바뀐다. 처음 의도한 놀이가 변형되는 일은 다반사다. 아이의 웃음이 복도를 꽉 채워 덩달아 즐겁지만 새로운 놀이를 대령하는 일이 버겁다. 순발력 없는 할머니의 머리로 손녀와 노는 일이 과연 영재교육일 수 있을까 걱정이 되기도 한다.

조상을 닮는 것은 얼굴 생김이나 신체 조건만이 아닌가 보다. 행동도 생각도 이어받지 싶다. 내가 손녀를 데리고 다니면서 새로운 것을 보여 주기 좋아하는 것처럼, 내 할머니도 나에게 못 보던 것을 보여 주고 가르쳐 주고 싶었던 것일까. 할머니가 나와 함께 다니기 좋아한 것처럼 나 역시 데리고 나가기를 즐기지 않는가. 인류문화가 창달되는 것은 할머니들의 수명이 길어 손자에게 전달되기 때문이라 한다. 시간이 갈수록 인류의 문명이 축적되니 아이들은 날로 똑똑해지는 것이리라. 할머니의 손자 양육은 할머니 세대의 경험과 지혜가 엄마 세대를 뛰어넘어 직접 아이에게 전달되는 것일 테니 가능하면 활용해야 하지 않을까. 시대에 따라 양육 방법의 차이는 있을지라도 손자에 대한 조부모들의 사랑은 변함이 없으니 제2의 양육자 역할에 자긍심을 입혀야 할 것 같다.

내 할머니 돌아가신 지 삼십 년하고도 삼 년째다. 언젠가는 할머니가 사무치게 보고 싶어 꿈에서 뵙기를 간절히 바란 적도 있다. 나를 보면 기뻐하시던 눈빛, 나의 부름에 언제나 반갑게 응답하셨던 일, 할머니는 항상 내 편이라는 믿음 등, 할머니와의 추억은 아직도 선명하다. 할머니를 생각하면 입꼬리가 올라가는 이유이다. 우리 집 아이들도 양가의 할아버지와 할머니들의 이야기는 언제나 웃으며 시작한다. 함께 한 일들이 행복했던 시간으로 기억되고 있음이리라. 영재교육이란 이른 나이부터 지능 개발이니 한글, 영어의 조기교육이 아니라 아이와 함께 하는 일을 통해서 행복한 기억을 만들어 주는 일이 아닐까. 미국의 피아노 연주자 오스카 레반트도 '행복은 경험하는 것이 아니라 기억하는 것이다.'라고 했다지 않은가.

사람은 행복하기 위해서 산다고 한다. 요즈음 우리 청소년들은 미래를 위해서 현재의 행복할 수 있는 시간을 잃고 있는 건 아닌지, 삶이 즐거운 청소년들이 적다는 통계를 보면 염려스럽다. 유예된 행복을 위해 바쁘게 지내는 아이들이 걱정스러울 때마다 구실을 만들어 불러 모아야겠다. 그리하면 이다음에 희망해도 되려나. 내가 할머니를 생각할 때마다 그리워지는 것처럼 먼 훗날 내 손자 손녀도 나를 떠올리면 그러하기를.

(2016년)

뒤늦은 숙제

　사람들은 어른이 되어서도 늙어가면서도 찾아뵙고 싶은 선생님이 있을까. 나는 초등학교 6학년 담임 선생님을 다시 뵙겠다고 혼자 약속하였다. 약속 이행이 자꾸 늦어지니 언제부터인가 퇴직 후로 미루어 둔 숙제가 되었다. 드디어 선생님을 뵈러 가는 날, 초등 동창 네 명은 옛날 일을 더듬느라 창밖의 이팝나무, 아까시나무의 흰 꽃들이 신록과 어우러진 경치에는 곁눈질만 주었다.

　초여름에 선생님을 처음 만났어. 우리 반이 모내기 봉사하러 가던 날이었지. 첫 만남부터 시작하여 추억이 줄을 이었다. 모내기 봉사 때문이었는지 금방 친해졌지. 진학하지 못했는데 뒤늦게 교사로 퇴직한 것은 선생님 덕분이었어. 공부의 재미를 알게 해 주셔서 남쪽 끝자락의 구석에서 서울 한복판 고교로 진학할 수 있었지. 공부 습관 없는 애들을 공부시키는 데는 매가 가장 효과가 컸을까. 겨울방학 때는 기본 점수를 정하고 그것에 못 미치면 매도 드셨어. 엉덩이에 난 매 자국을 서로 보여 주느라 화장실이 소란했잖니. 노래를 얼마나 많이 배웠니, 하굣길엔 늘 노래를 달고 다녔잖아. 신발 신고 드나들던 시멘트 바닥의 교실, 물청소는 왜 그리 많이 했을까. 시키지 않아도 했잖아, 선생님 기쁘게 하려고. 차별이 없고, 항상 공평하셨지. 아직 남은 얘기가 많은데 네 시간이 금세 지났다.

실로 쉰 해 만의 만남이었다. 서른의 청년 모습을 떠올리며 목포 버스터미널에 내리니 여든의 선생님은 길에서 만나면 못 알아볼 거라며 우리를 반갑게 맞으셨다. 십 대 소녀들이 육십 대의 할머니가 되었는데도 한참 보니 어릴 때의 모습이 나온다고 환히 웃으며 이름들을 떠올려 주셨다. 십 년의 충청남도 근무 후, 우리와 처음 만나서 잊지 않고 계신가. 성글어진 흰 머리칼과 약간의 주름 외에는 꼿꼿한 옛 모습을 간직하고 계셨다. 온갖 노래들을 다 가르치느라 오르간을 힘껏 누른 덕에 오래도록 젊음과 총기가 유지된 것일까. 선생님 생각을 하면 풍금 앞에서 선창하던 모습이 먼저 떠오른다. 그 열성 때문이었을까. 나는 그때부터 선생님이 되고 싶었다.

음식점에서 대접하겠다고 말씀드렸는데도 선생님은 굳이 우리를 댁으로 데리고 가셨다. 사모님은 선생님보다 십 년이나 젊고 건강하지만 불 앞에서 손수 점심상을 준비하기에 우리는 몸 둘 바를 몰랐다. 오월인데도 하필 삼복더위만큼 더운 날이었다. 항구도시여서인가. 우리들은 접하기 어려운, 귀한 해물 위주의 푸짐한 식탁을 대하니 대접하러 간 게 아니라 대접받으러 간 것이었다. 우리는 초행이지만 선생님 댁에는 제자들의 방문이 흔한 일이어서 그때마다 사모님이 솜씨를 발휘한단다. 제철 해산물을 상자째 들여 갈무리해 둠은 수시로 찾아오는 제자 손님들을 위한 것이라고 하였다. 우리처럼 처음 오는 제자들은 황송한 반김에 얼마나 당황할까. 모든 만남과 접대가 집 밖으로 나가는, 편리함만 좇는 시대인데.

식사를 마치고 이 방 저 방 다니며 선생님 댁의 넓은 아파트를 구경하였다. 두 분은 멀리서 찾아오는 제자들에게 기꺼이 잠자리까지 제공한다는데 두 개의 큰 방 한 면씩을 채운 기다란 자개장롱 안에 이부자리가 가득 차 있을 성싶었다. 십수 명이 한꺼번에 자기도 한다니까. 나는 버리고 없는 자개장롱이 선생님 댁에서는 고풍스럽게 잘 어울렸다. 오래된 물건을 간직하는 마음이 옛사람과도 변함없는 사랑을 나누시나. 선생님께는 해마다 찾아오는 후학이 수십에서 백여 명을 넘을 때도 많다 하였다. 어느 해에는 기차역에서 커다란 환영 플래카드를 들고 선생님을 맞이하여 역무원들을 어리둥절하게 하거나, 전세버스에 '김영 선생님 방문단'이라는 휘장까지 붙이고 왔단다. 선생님의 제자인 것이 자랑스럽기도 하지만 은혜도 모르는 때늦은 방문이 부끄러웠다.

그해에는 중학교 입시 과목이 국어 산수뿐이었다. 고교시험도 국영수였다. 학생들의 입시 부담을 덜어 주기 위해서라고 하였는데 박근혜 전 대통령과 학령이 같기에 얻은 특혜였다는 소문이 있었다. 선생님은 보통의 다른 학교 6학년 선생님과 달리 진학하지 못하는 친구들을 위해 모든 과목을 고루 지도하신다 하였다. 그러나 국어 산수만 시험 본 것은 특혜가 아니라 재앙이었을까. 중고생 때 선생님들은 '국어 산수만 공부한 놈들이라 무식하다'고 우리를 자주 구박하였다. 선생님을 찾아뵙겠다고 생각한 것은 그때부터였다. 수개월 동안 두 과목만 공부한 아이들과 입시경쟁이 될까, 선생님은 입시 준비를 방학에 시킬 계획이었나 보다. '과외공부'나 '보충학습'의 이름도 모르는 진학 희망자들을 위해 겨울방학을 다 내놓으셨다. 그 덕에 우리들은 개교 이래 가장 우수한 성적으로, 두어 명만 빼고 모두 중학교에 입학하였다. 선생님도 기쁘셨나, 애는 소를 잡고 재는 돼지를 잡아야겠다는 농담을 하고 크게 웃으셨다. 내가 기억하는 과거의 선생님이다.

이제는 줄지은 제자들의 방문으로 외로울 틈이 없는 선생님, 오히려 제자를 대접하시는 선생님을 덧붙이게 되었다. 현직에 계실 때는 학생을 이롭게 하려고 당신의 유익을 고려치 않더니 퇴직 후에는 먹이고 재움까지, 수고로움을 계산하지 않는다. 사모님의 헌신적인 내조를 아시기에 댁으로 데려가는 일이 그리 당당하였을까. 사모님 앞에서 부족한 나의 아내 역할도 되짚어 보게 되었다. 선생님은 멀리서 왔다가 금방 가니 섭섭하다며 다음에는 잠도 자고 시내 구경, 섬 구경도 하고 가라고 간곡하게 여러 번 말씀하신다. 두 분만 사시면서도 넓은 집을 보유하는 것은 아마도 찾아오는 제자들을 재우기 위함이 아닐까. 내외분이 '아낌없이 주는 나무'로 보였다.

예정에 없던 숙박까지 하고 싶은 유혹을 이기느라 힘이 들었다. 반백 년의 세월을 다 풀어내지 못함에서 오는 아쉬움과 친정집에 온 것 같은 편안함이 자꾸만 뒤를 돌아보게 했다. 선생님을 음식점이나 찻집에서 만나고 헤어졌어도 이렇게 긴 여운이 남을까. 들고나는 다른 사람이 없는 곳, 선생님이 거처하시는 공간에서 밥을 먹고 차를 마시며 스승과 제자를 넘어 이야기를 나누는 시간이 더없이 행복했다. 선생님은 그것을 아시기에 음식점을 사양하였나 보다. 돌아올 때는 깜깜한 창밖을 보며 저마다 생각에 잠겼다. 선생님은 퇴직 후에도 가르침을 계속하고 계셨구나. 나는 뒤늦은 숙제에도 보상을 해 주시는 훌륭한 스승님을 가졌네. 더 일찍, 자주 찾아뵈었더라면 보다 나은 교사가 되지 않았을까. 돌이킬 수 없는 지난 세월이 아파왔다.

해마다 찾아뵙자. 연례행사로 하자고 약속했기에 다시 뵈려 전화 드리고 덜컥 놀랐다. 선생님의 갈라진 음성이 폐암 때문이란다. 때마침 창궐한 메르스가 문병 길을 막았다. 그리 서둘러 가시다니, 늦춘 병문안이 영정 앞에서 뵙게 되었다. 선생님은 총각 시절에도 찾아온 어린 제자들을 위해 하숙집 아주머니께 부탁하여 흰밥과 생선 반찬을 내었다 한다. 한두 번만이 아니라 찾아오는 모든 아이들에게 매번 그리하셨단다. 나라가 궁핍하던 1950년대 중반의 논산 제자들이 조문 자리에서 들려준 이야기이다. 밥상 앞에서 귀한 대접을 받은 아이들은 무엇을 배워 갔을까. 책이 없어도 말을 하지 않아도 보고 깨닫는 일이 선생님의 하숙집에서부터 이루어졌던가 보다.

그토록 많은 제자가 같이 늙어가면서까지 스승님을 찾은 까닭은 어디에 있을까. 학교는 물론 자택의 식탁까지도 제자 사랑의 장소이고 도구이었음을 떠나시고야 안다. 그 세월이 육십 년이라니. 한 번 스승은 영원한 스승인데 내 편리한 시간만 찾느라 미룬 숙제가 벌이 되어 가슴을 쓰리게 한다.

(2015년)

어떤 출산

"너는 괴로움 속에서 자식들을 낳으리라." 선악과를 따먹은 이브에게 하느님이 말씀하셨다. 하느님은 당신의 창조사업을 계승하는 인간에게 아픔을 계속 주셔야 할까. 옛날에는 아기를 낳으러 들어가면서 '내가 다시 저 신을 신을 수 있을까.' 하였단다. 아기를 낳다가, 또는 낳은 후에도 목숨을 잃는 일은 흔한 일이었다니 선인들이 안타깝다. 지금의 분만 의술의 발달은 어디까지 왔을까.

전날 내린 많은 비로 무더위가 한풀 꺾인 팔월 말, 내가 중3 때였다. 개학 준비를 서두르다 비 때문에 상경을 미룬 오빠들은 마침 큰오빠 생일상까지 받고 떠났다. 어머니는 전날 저녁부터 산기가 있다는 작은어머니에게 산모는 힘이 있어야 한다고 미역국과 생일상 반찬을 권했지만 작은어머니는 몇 수저 뜨다 말았다. "큰아그야, 나는 모르겠다. 재바르고 영리한 니가 받아라." 첫아기 받는 일은 무섭다고 할머니는 일찌감치 어머니에게 맡겨 버렸고, 작은어머니는 진통 때문에 작은 신음 소리를 냈다. 어머니는 큰 가마솥과 작은 솥에 물을 끓여 놓고 소독한 가위를 꺼내 들고 산실로 들어갔다.

아침에 들어간 어머니는 점심때가 되어도 까만 머리만 조금 보였다가 들어가 버리고 보였다가 들어가 버리는 아기 때문에, 진통하다 잠드는 작은엄마를 깨우느라고 벌써부터 기운을 다 빼고 있었다. "아이고, 병원 가서 낳자니까, 이러다 다 죽겠네." 점심때도 훨씬 지나 버리고 온 식구가 굶으면서 기다림에 지쳐가고 있을 때였다. 또다시 졸고 있는 작은어머니의 잠을 깨워 놓고 힘주라고 하더니 "그래, 어서 힘주소. 아까보다 머리가 더 보이네. 더 주소, 더, 더." 아무 소리도 안 들려 이제 아기가 나오나 보다 하고 있는데 "아이고 이 예팬네, 애기 죽이겠네. 아이, 칼 갖고 온나." 하는 어머니의 다급한 소리가 들렸다. 나는 부엌을 휘둘러보다 사랑에 과일 따라 나간 과도를 찾아와 씻는데 "뭣 허고 있냐. 애기 죽이겠다." 어머니가 또 한 번 외쳤다.

서둘러 가져갔을 때는 이미 어머니가 아기를 꺼내고 있었다. 아무리 힘을 더 주라고 해도 못 주니까 나오던 아기가 목에서 멈춰 버리고 얼굴색이 까매지더란다. 칼은 안 오고 너무 다급해 세 번을 잡아 뜯었더니 질긴 살갗이 찢기고 산도에 손을 넣을 수 있어 아기의 어깨를 잡아 꺼냈다고 한다. 얼마나 당황했으면 탯줄 자르려던 가위는 생각도 못 했을까. 잃을지도 모른다는 생각이 들어 무서운데 아기가 얼른 울지 않자 엄마는 가슴이 더 벌떡거렸단다. 거꾸로 들고 엉덩이 두들기기를 여러 차례, 아기는 한참 있다 울었다. 새까맣던 아기가 발그레해지고 까무러진 작은엄마 수습을 해 주고서야 "어무이, 아들이네요." 하였다.

비린 냄새가 진동하는 속에 땀투성이가 된 어머니와 작은어머니가 누렇게, 허옇게 허물어져 계셨고, 아기를 씻기는 일은 언제 오셨는지 아랫집 구리동 고모가 했다. 이윽고 방 안에 들어갔던 물건들을 내보내는데 대야는 아기 씻는 데 썼고, 수건들은 땀 닦는 데, 피 닦는 데 썼는데 절굿대까지 나온다. 고모가 "애기 낳는 방에 절굿대는 왜 있당가?" 기운이 다 빠져 방문 틀에 기대앉아 계시던 어머니가 퍽 웃음을 터뜨리면서 "아이고 성님, 뒤 찢어지겠다고 받치라고 해서, 아기가 어디로 나오려고 한다냐. 하면서 손으로 받치다 발로 밀다 절굿대를 받치고 밀었소. 밀다 밀다가 힘 다 빠져서 내가 지레 죽을 뻔했소." 질긴 산도를 뚫지 못한 아기가 자꾸만 밀어 대니 그렇게 아팠던 것을, 병원이라면 미리 절개해 더 얼른 끝나는 일일까. 아기와 산모가 무사해서 절굿대가 산통을 겪는 데 쓰였다는 게 할머니와 어머니, 고모의 웃음 보따리를 마음 놓고 풀게 했나. 세 분이 눈물까지 질금질금 흘리며 웃고 웃고 또 웃었지만 힘든 출산 끝에 잠들어 버린 산모는 미동도 없었다.

　어머니는 그날부터 기진한 몸을 추스르는 데 산모보다 더 오랜 날이 걸렸다. 그때 입었던 모시 적삼과 러닝셔츠는 마치 치자 물감을 들인 듯 샛노랗게 변해 몇 번을 삶아도 그 노란 물이 빠지지 않았다고 했다. "애기 받다가 나는 진 다 뺐다. 심장병도 생기고. 애기 죽이는 줄 알고 놀란 가슴이 병이 됐는가, 시도 때도 없이 벌렁거리는 것이 석 달을 가더라." 훗날 출산 이야기가 나올 때마다, 어머니 생애 단 한 번의 이 산파 경험은 가장 자랑스러운 베테랑급 무용담이 되었다. 큰오빠와 생일이 같은 사촌 동생은 베테랑이 되라고 이름 붙이고 '태' 자 돌림 형들의 족보 서열 아랫자리에 끼었다.

　내가 큰아이를 낳을 때다. 정기진찰을 다 받았건만 출산 전날 갑자기 알게 된 똑바로 서 있는 아이, 큰아주버님과 선배 의사는 사진을 보며 자연분만을 시도해 보자 하였다. 역출산이니 시간이 오래 걸릴 거란다. 걱정이 컸기에 나는 한밤중의 산고를 소리 없이 기도하며 지새웠다. 아이를 위한 평생의 기도 중 많은 분량을 이미 그 밤에 하지 않았을까. 아이는 시꺼먼 색으로 만세 하며 나왔단다. 까만 물체를 보고 어머니는 무엇이 나온 것인지 묻기까지 하였다. 거꾸로 나오는 아기는 숨을 못 쉬어 그렇다 했고, 고고성도 한참만에야 들을 수 있었다. 그때는 역출산인 아기도 자연분만을 시도한 경우가 많이 있었다는데 요즘은 거의 모두 수술로 출산시킨다니 수술이 보편화되어 있나 보다.

그 딸이 엄마 되던 날, 진통실에서 대기하다가 운 좋게 차례가 온 가족분만실에 들어갈 때였다. 옆방의 산모가 소리소리 지르고 있었다. 가족들이 지켜보니 부끄럽지 않아야 한다는 생각이 앞섰을까. "얘야, 소리 지르지 말고 품위 있게 낳으렴." 잘 참으라는 격려를 그렇게 말했나 보다. 새 생명이 행복해야 할 세상과 처음 만나는데, 엄마의 비명부터 듣는 건 바람직하지 않다. 부모가 될 사람들은 잉태를 아는 순간부터 태교로 정성을 들인다. 태중 아기에게 책을 읽어주고 사랑의 말과 태교 음악도 들려준다. 출산은 태교의 완성이다. 창조의 계승을 위해 하느님은 의사도 병원 시설도 예비하게 하시니 마음을 편하게 가져도 좋으리라. 태아가 엄마에게서 분리되는 과정이 진통이고 그 끝은 비교 불가한 기쁨과 행복, 충만감이 아니겠는가.

산모가 비지땀을 흘리며 저절로 힘을 주는 것 같으면 의사는 힘주지 말라고 계속 제지했다. 드디어 절정의 순간이 왔을까. 크게 힘주라는 지시에 따르나 싶더니 순식간에 아기가 안겨 있었다. 멋진 출산이었다고 의사의 칭찬이 듬뿍 얹혔다. 신생아는 우는데 어른들은 기뻐 웃었다. 구불구불 긴 탯줄은 방금 아빠가 된 사위가 작은 손 떨림으로 잘랐다. 그리고 서툴게 아들을 받아 안았다. 커다란 사위에게 안긴 작고 여린 손자에게서 나오는 생명력은 뭉클하고 뜨끈한 그 무엇이 되어 온몸으로, 분만실에 있는 모든 이에게 퍼져 나가는 것 같았다. (2008년)

작은아버지

　봄부터 편찮으셔서 입, 퇴원을 반복하시던 친정 작은아버지는 걷기 어려워진 여름부터 요양병원에 입원해 계셨다. 사촌 여동생은 외국계 회사에 있어 해외 출장도 잦은데 어머니까지 편찮으신 바람에 혼자서 부모님을 돌보느라 참으로 애썼다. 동생에게 하나뿐인 오빠, 나의 사촌 남동생은 미국에서 살고 나 역시 여름 내내 미국에서 어머니 간호에 몰두하였을 때였다. 아버지처럼 생각하던 숙부인지라 귀국한 뒤 가능한 한 자주 찾아뵈었는데 하루가 다르게 허물어져 가는 모습이 가슴을 아프게 하였다. 혼자 드시던 죽을 떠먹여 드려야 넘길 수 있게 되더니 두유나 물도 힘에 겨워 빨아들이지 못하게 되면서 보내드릴 마음의 준비를 해야 했다.

　보고 싶은 아들이 오자 작은아버지는 반가워서 이름도 부르고 '아들, 아들'이라고 하셨다 한다. 아들을 기다리느라

온 힘을 다 쏟으신 걸까. 작은아버지는 남동생을 보고 난 그날 낮부터 급격히 기운이 떨어지기 시작하셨다. 작은아버지는 나도 기다리셨나, 오후에 찾아간 내게 대답 한번 해 주신 것이 마지막 말씀이었다. 그다음부터는 눈을 감은 채 힘겨운 숨쉬기만 하셨다. 나 혼자 큰 병원의 응급실로 모시고 가면서 더 말씀해 주기를, 눈을 한번 떠 보기를 바랐지만 역부족이셨나. 응급실에서 일인실로 옮기는 순서를 밟으며 차츰 이별의 시간이 가까이 옴을 느끼게 되었는데 병상을 지키던 아들이 아버지를 안는 순간 편안히 가시더란다. 아들이 다시 안아 주기를 기다리셨나, 아들을 불러보고 만 사흘째였다. 병환 중 못 본 자식을 얼마나 그리워했으면 온 힘을 다해 기다리다 이름을 부르고, 그 품에서 눈을 감으셨을까. 사랑하는 숙부님의 이야기인지라 되새길 때마다 슬픔도 뒤따라오지만, 가족 간의 이런 이별은 사랑의 다른 이름인가. 애틋함이 크다.

눈물 없이 보기 힘든 입관 과정을 지켜보면서 한편으로 작은아버지와 사촌 동생들이 부러웠다. 정성 들여 닦여지고, 고운 한복에 면도하고 머리 빗고 우리들의 마지막 하직 인사를 받으셨으니 작은아버지는, 또 인사할 수 있는 동생들은 얼마나 복이 많은가. '작은아버지는 내 아버지보다 두 살 적은데 여든여섯까지 장수하시고 저렇게 곱게 단장하고 떠나시는구나.' 전쟁의 포화 속에서 어느 날 어느 곳에서 어떻게 돌아가셨는지 혹은 살아 계신지 몰라 입관은 물론 장례도 치르지 못한, 이십 대 청년에서 멈춘 내 아버지와 비교 되었기 때문이다.

작은아버지는 대가족 간에도 서로 사랑하고 돕는 마음을 남겨 주고 가셨다. 결혼하실 때도 동생들뿐만이 아니라 구촌 친척들까지 북적이고 있어 새색시를 장정들 속에 있게 만들었다니, 갓 시집온 작은어머니는 얼마나 당황하였을까. 오륙십 년대에 서울에 한 사람의 친척만 있으면 모두 올라와서 식객을 하던 시절, 도움을 청하는 사람들과 함께 살았기에 있었던 일이다. 그들이 다 떠나고 난 다음에는 아버지를 잃은 우리 남매들의 고등교육을 기꺼이 담당하셨다. 조카들을 데려다 가르친 것은 작은아버지 내외의 큰마음이 아니면 할 수 없는 일이었음을 우리는 잘 안다. 여러 친척을 도와 자리 잡을 때까지 함께 살며 지원하고, 조카들을 가르쳐 제 몫을 하게 하고, 자식을 잘 길러 지구촌의 살림에 내놓고 아름다운 모습으로 떠나시는 작은아버지는, 또 그렇게 훌륭한 아버지를 보내 드리며 마음껏 슬퍼할 수 있는 동생들은 이것이 감사한 일이라는 것을 알까.

장례 기간 동안, 모여든 사촌들과 함께 연세 드신 어른들이 많은 우리 친정 가문을 돌아보았다. 우리 조부모님께서 칠 남매를 두셨기에 각 집안에 두엇씩밖에 없는 아이들인데도 사촌들이 많아 어려운 장례를 수월하게, 슬픔 속에서도 잔치처럼 치렀다. 자주 볼 수 없는 사촌들이 모여드니 슬픔은 잠시 미뤄 두고 만나는 반가움을 나누느라 왁자지껄 즐거운 분위기가 만들어지기도 하였기 때문이다. 앞으로는 더 자주 만나고 살아 계실 때 더 많이 찾아뵙자는 이야기도 하고 지금처럼 얼른 달려와 슬픔도 함께 나누자는 데 모두 뜻을 같이하였다.

여동생은 자기만 보면 환하게 웃어 주시던 아버지의 미소를 다시는 볼 수 없다며 결국은 죽을 건데 무엇 하러 사는지 모르겠다고 울먹였다. 죽음이 바로 삶 옆에 지키고 앉아 있었고, 죽음 끝의 허무가 너무 크게 다가온 것일까. 평소엔 한 기관의 책임자답게 의젓했지만 아버지의 상실 앞에서는 그냥 가여운 동생일 뿐이어서 넋두리하듯 동생을 위로했다. 아니 나를 위한 위로였을까. 결국은 죽을 건데 왜 사느냐고? 식물이 꽃을 피우는 것은 단 하루 또는 길어야 열흘이다. 그래도 싹 틔우고 자라고 꽃을 피우고 비바람 속에서도 열매를 맺어 놓지 않더냐. 우리 인생도 꽃처럼 빛나는 시간은 길지 않지만 과정마다 다 의미가 있지 않니. 자랄 때나 공부할 때, 사랑하는 사람을 찾을 때, 가족이 늘어나고 키우고, 일하며 살아가는 모든 시간을 즐길 줄 알면 죽음에서도 위안을 얻을 수 있을 거야. 죽으려고 태어난 것이 아니라 살아가는 과정에서 기쁨을 누리고 무엇인가에 공헌하라고 창조되었겠지. 시작과 끝은 짧지만 그 과정은 긴 걸 보면 말이야. 더러 힘들었던 시절까지 아파할 필요는 없어. 성장과 결실에 필요한 일이었을 테니까. 끝이 좋으면 다 좋은 거야. 여러 사람이 기억하는 좋은 일을 하셨고, 너희들과 우리들, 열매를 맺어 놓으셨으니 아버지의 삶은 아름답지 않니.

행복을 느끼는 일도 기술이라고 하더라. 사랑 많으신 아버지와 오랫동안 살 수 있었던 것은 우리들의 행운이었다. 아버지하고 있었던 좋은 기억들을 추억하며 훌륭한 가르침을 남기고 가셨음에 위로받자. 남아 계신 어머니와 숙부, 숙모님들을 위해 드릴 수 있는 날이 있음을 기뻐하자. 교회에서는 11월을 위령성월로 정하고 돌아가신 분들을 위해 기도를 많이 바치는 달이란다. 더구나 천국의 문이 활짝 열려 있는 달이라고 해. 착하게 사신 분이 이때 가셨으니 어디로 가셨는지 알겠지. 다시는 볼 수 없는 아픈 이별에도 감사할 일이 있지. 감사할 일을 아는 것은 행복할 줄 아는 거고, 행복할 줄 알면 삶이 아름다울 거야.

(2013년)

장례식 단상

　연이틀 두 장례미사에 참석하게 되었다. 퇴직하여 시간 여유가 생긴 올봄부터 봉사활동으로 돌아가신 분들의 명복을 빌어 드리기로 하였던 터였다. 첫날에는 69세 형제님으로 성당에서 자주 뵈어 낯익은 분이었다. 요즘의 장수 시대에서는 아쉬운 연세였는데 다음 날에는 100세 할머니셨다. 어떤 연세에 돌아가시더라도 다시는 뵐 수 없으니 섭섭하기는 매 한 가지여서 장례식장은 숙연하였다.

　"떠나시는 고인은 우리 모두 세상을 하직할 날이 온다는 것을 가르쳐 주십니다. 하느님께서 품 안에 받아 주시니 평화의 안식을 얻을 것입니다." 신부님의 강론과 연령회원들의 숙달되고 정성스러운 진행으로 장례미사는 엄숙하게 거행되었다. 기도와 고별인사로 장례식이 끝났는데도 내게는 아쉬움이 남았다. 죽음 앞에 인간은 누구나 평등하다지만

100년이나 살다 가면 생전의 수고로움이 더 많지 않았을까. 세상에서의 직책이나 위치보다는 어떤 일에 힘을 많이 쏟았는지, 자손은 얼마나 남겨 세상에 공헌하였는지, 무슨 일을 즐겨 하신 분이었는지, 건강한 기간은 얼마나 되는지 등, 궁금증이 줄을 이었다. 삶의 과정은 빠지고 태어났기에 죽었다는 한 줄의 덤덤한 글 같았기 때문이었을까.

'파란 풀밭에 이 몸 뉘어 주시기'를 비는 성가 속에서 오래전 어느 장례 생각이 났다. 그분은 선각자였고 공명정대한 분으로 몸담고 계신 모든 곳에 큰 업적을 남기셨다. 공적으로나 사적으로 훌륭하셨는데 종교가 없었던 탓에 공식적인 장례 절차가 생략되다 보니 영결사 또한 없었다. 죽은 사람은 산 사람 옆에 둘 수 없으니 부랴부랴 무덤으로 옮기는 절차만이 부각된 때문일까. 모범이 된 삶을 살면서 큰 족적을 남긴 그분께 해 드린 고별의식이 너무 부족하여서 지금껏 아쉬움이 남아 있다. 온 나라가 다 아는 분이나 국가를 위해 순직한 분의 장례식에는 조사가 있어 우리의 마음을 더 애잔하게 한다. 몇십 초의 짧은 광고에도 스토리가 있는데 하물며 칠십 년, 백 년까지 살다 가는 분들의 40분 장례식에서 삶의 과정이 빠지니 무미건조한 장례식이 되지 않았는가. 가족들만의 장례가 아니고 공식 석상에서 치르는 장례만큼은 의례적이 아닌 그분의 인생을 담은 조사가 있어야 하지 않을까. 유명한 분들만큼 큰일은 못 했을지라도 당신의 철학, 가치관을 가지고 가족과 이웃과 사회를 위해서 나름의 공헌을 하였을 텐데 이렇게 심심하게 보내 드리는 건 고인에 대한 예의가 아니지 싶다. 아니 각자의 자리에서 열심히 사는 우리 인생에 대한 대접의 문제이기도 하다. 게다가 장례식에 참석한 사람에게는 삶의 자세를 가다듬는 귀한 시간이 될 수 있지 않은가.

우리 조상들은 장례를 어떻게 치렀을까. 과문하여 들은 바는 적지만, 매년 지내는 제사에서도 제문을 읽어 고인을 기리는 마음을 표현하는데 하물며 한 번뿐인 장례식에 조사가 없었을까. 어려서 본 상여가 생각난다. 상엿소리에 고인의 인생이 들어 있어 상여를 따르던 마을 사람들이 눈시울을 적셨으니 분명 이야기와 감동이 있는 장례였다. 결혼식에서는 신랑 신부의 어릴 때 사진들과 연인이 되어 사랑을 키운 날들을 영상으로 보여 주어 미소를 짓게 해 준다. 긴 시간 준비하는 결혼식과 짧은 날 동안 갑자기 치르는 장례식을 비교할 일은 아니로되 예측되고 준비하는 기간이 있는 죽음에서만큼은 좀 더 감동적인 이야기가 있는 장례식이 되어야 하지 않을까. 생의 존재가치를 되돌아본다는 의미라고 할 수 있겠다.

몇 년 전, 나를 데리고 사시면서 학업을 마치게 해 준 숙부님의 장례식 때 일이다. 지방의 양지바른 곳에, 목사님의 기도 속에 잘 모시고 돌아오는 길이었다. 조카를 아버지처럼 돌보아 주셨으니 그 공을 여러 사람 앞에서 치하해 드리고 싶었다. 커다란 사회적 업적은 없었지만 칠십 평생 사랑을 갖고 사신 분이었다. 차 안에 가까운 분들이 있으나 자기와 관련된 일만 알고 있지 않겠는가. 밤늦게까지 문상객을 맞이하느라 지친 동생이었지만 "아버지와 관련된 이야기를 나누며 가도록 하자. 내게도 꼭 이야기할 기회를 다오." 하였다. 그런 시간을 마련했던 것이 얼마나 다행이었던지. 평소 여러 사람 앞에서 이야기할 기회가 없었을 숙모님이 슬픔 가운데서도 해야 할 말씀을 빼놓지 않으셨다. 숙부가 병환 중 보여 주신 의연함도, 아들의 지극한 효성도 슬그머니 칭찬하며 사랑받고 떠나는 고인도 흡족할 거라고 하였다. 친하게 지냈던 친구분들도 숙부와의 추억과 함께 훌륭하셨던 점을 펼쳐 놓았다. 아버지의 대인관계는 잘 몰랐던 동생들도 이 기회에 아버지를 잘 알게 되어서 기쁘다고 하며 아버지와 있었던 일들을 말하였다. 자칫하였으면 잠만 자고 말 귀경길 장의차 안에서 내게 베풀어 주신 은혜를 여러 사람 앞에서 말씀드리고 남아 계신 숙모님 잘 찾아뵈며 살겠다고 약속드리니 지고 있던 빚을 조금은 던 듯하였다. 더 좋은 아버지로 기억하게 될 동생들에게도 친척, 친구들에게도 참 좋은 시간이었다. 고인이 남기고 가신 삶의 온기를 함께 되새겨 보았기 때문이다.

감동이 있는 장례식을 보고 싶다는 생각을 하면서 나의 장례식을 상상해 보았다. 앞으로 얼마나 더 긴 시간을 허락받을지 모르지만, 내 자식들은 나를 어떤 어머니였다고 기려 줄까. 나라의 동량을 양성하면서 보낸 육십 평생 속에 내 아이들도 잘 키우기 위해 정성 들인 세월이 겹쳐 있다. 가장의 긴 우환 속에서도 바깥일과 집안일에 온 힘을 기울인 눈물의 날들도 있다. 그래도 아이들은 '엄마는 일이 먼저였다'고 아쉬웠던 기억들을 들춘다. 이제부터 살아갈 남은 날에는 어떤 이야기들을 담아 아쉬움 없는 인생을 만들까. 죽음이 임박한 사람들에게 물으면 '더 사랑할걸, 더 봉사할걸, 더 즐길걸.' 하며 후회한다고 들었다. 나는 거기에 하나 더, '더 배울걸'을 넣겠다. 배워야 사랑도 봉사도 즐기는 일도 더 잘할 수 있지 않겠는가.

나의 장례식에서 정작 나는 아무 말도 들을 수 없겠지만, 배우기를 즐기며 이웃을 사랑하고, 한 번뿐인 삶도 향유할 줄 알았던 사람으로 말하여지기를 욕심내어 본다. 내 아이들도 원 없이 엄마의 사랑을 받았다고 말하게 하고 싶다.

(2013년)

내가 좋아하는 것들

내가 좋아하는 것은 무엇인가. 살아가면서 좋아하는 것들을 살펴보는 일 또한 자신을 돌아보는 의미 있는 시간이 아닐까. 의식하지 않고 살았던, 내가 좋아하는 사람과 자연, 물건, 취미, 가 보고 싶은 곳 등이 무엇이며 나는 이들을 얼마나 누리고 살았을까.

나는 일 학년 아이들을 좋아한다. 그들에게는 새로운 세계에 첫발을 들여놓고 큰 각오를 다지는 긴장된 모습이 있어 좋다. 각급 학교의 일 학년을 모두 좋아하지만 그중에서도 특히 초등학교 일 학년을 제일 좋아한다. 놀이처럼 다니던 작은 유치원을 떠나 큰 학교에 들어왔으니 그들에게는 모든 것이 매우 커 보인다. 자신을 압도하는 큰 학교에 들어와서 어리바리, 쭈뼛거리는 모습이 사랑스럽다. 무엇이나 물어 대는 그들이 가장 많이 하는 말은 '어떻게 하는 거예요?'이다. 같은 말을 되풀이 대답하는 것에 참을성을 요구하지만 잘해 보겠다고 묻는 것이니 대견스럽고 예쁘다. 앞니 빠진 친구들이 짓는 웃음 또한 일 학년 교실에서 흔히 볼 수 있는 귀여운 모습이다. 건강에 좋다는 그 웃음을 아무 때나 잘 보여 주어 함께 웃게 해 주니 더욱 좋다.

나는 숲을 좋아한다. 나무들이 지어내는 아름다운 경치를 좋아한다. 세상의 아름다운 풍광에 숲이 없는 곳이 없다. 내가 창덕궁을 좋아하는 이유 역시 숲이 있는 궁궐이기 때문이다. 궁 곳곳에 나무가 많지만, 뒤에 아름다운 정원이 있어서이다. 베이징 여행에 빠뜨리지 않고 보는 자금성은 넓은 궁궐에 나무가 없어서 잘 지은 수많은 건물이 덜 아름다워 보였다. 자객들이 숨지 못하게 나무를 심지 않았다던가. 나는 숲이 뿜어내는 독특한 향내도 좋아한다. 고마운 들판이지만 때로 퇴비 냄새가 나고 바다에서는 비린내가 나는데 숲의 냄새는 건강을 증진하는 피톤치드라니 더욱더 고맙다. 동물들의 보금자리, 약초들의 서식지, 야생화를 키우고 사람들의 치유 장소가 되어 주는 숲을 좋아하는 사람이 나뿐이랴.

내가 좋아하는 물건은 브로치다. 수수한 옷차림에 단 브로치는 마치 한여름의 무성한 초록 속에 핀 붉은 접시꽃 같다. 내가 브로치를 좋아하게 된 건 더 거슬러 올라간다. 20여 년 전, 맏동서가 형형색색의 나비 브로치를 달고 계셨다. "형님, 그 나비 브로치 참 예쁘네요. 어쩜 색이 그렇게 고와요?" 내가 너무 눈을 빛냈던 걸까. 형님은 "예뻐? 그럼 줄게." 하더니 서슴없이 풀어 주셨다. 그 뒤로는 형님의 물건을 될 수 있으면 크게 칭찬하지 않기로 하고 있다. 욕심이 없는 형님인지라 또 주겠다고 하실까 봐 그런다. 나도 이번에 형님께 브로치를 선물해 드리며 여름날 푸른 풀밭의 접시꽃같이 달아 주시기를 바랐다.

조금 과장하여, 걸음마를 시작하면서부터 지금껏 변하지 않고 좋아하는 일이 꽃 가꾸기이다. 어려서는 마당 넓은 시골집에서 집 둘레를 돌아가며 꽃을 심었다. 요즘은 실내 식물 가꾸기와 아파트 꽃밭 가꾸기를 같이 한다. 꽃씨를 뿌린 뒤 내게 가장 어려운 일이 솎아내기이다. 크고 튼튼하게 기른다고 솎아 버리는 것은 내가 준 생명을 내가 뺏는 것이다. 버리면 죽을 것이기 때문에 나는 그것들을 아파트 울타리, 길가, 학교 등 멀리까지 심느라고 일을 더 만든다. 심기만 하고 돌보지도 못한 꽃이 먼 곳에서 스스로 피면 더욱 기쁘다. 죽이지 않으려고 심어 주기만 했는데 제 몫을 한 꽃을 보면 부모 없이도 잘 자란 사람을 보듯 고맙고 흐뭇하다. 풀 더미 속에서 예쁘게 피어난 화초, 지나는 사람의 눈길을 잡는 건 당연하다.

나는 꽃과 나무가 있는 경치 좋은 곳은 물론이지만, 건축물, 그림, 음악회, 영화, 연극, 뮤지컬 등, 구경거리가 있는 곳은 다 좋아한다. 새로운 볼거리가 널려 있기 때문에 당연히 여행도 좋아한다. 먼 길 걸어 초중등학교 다니며 단련시킨 튼튼한 다리로 걷기도 잘하니 보러 다니는 데는 안성맞춤이다. 어려서 '알프스의 소녀'를 읽고 또 읽으며 스위스에 가 보고 싶었다. 내가 국외 여행을 하면 스위스가 첫 번째 나라가 될 거라고 생각했는데 첫 단추가 잘못 끼워져 이제야 스위스에 가게 되었다. 스위스를 제일 먼저 꼽은 건 알프스의 야생화 때문이었다. 이번 유럽 여행 중 마터호른을 오르면서 어떤 꽃을 얼마나 많이 볼 수 있을는지 기대가 크다. 패키지여행이라서 스위스에 오래 머무르지 못하는 점이 아쉬울 뿐이다.

내가 좋아하는 것을 정리하고 보니 평소에 모르던 사실을 깨닫게 되었다. 다른 이도 그러겠지만 나는 예쁜 것, 눈이 즐거운 것을 밝힌다는 것, 내가 좋아하는 일을 하며 살았으니 감사해야 한다는 것이다. 아이들을 좋아하여 아이들과 오래 살았다. 꽃과 나무, 숲을 좋아하는데 숲속 같은 동네에 살며 내 맘대로 시간 되는 대로 가꿀 수도 있다. 볼거리, 구경거리들을 좋아하는데 가까운 곳에 그런 곳이 다 있다. 나의 여행에 가족들의 지지가 있고 좋은 친구들과의 협력이 있으니 그 또한 고마운 일이다. 퇴직 후 귀여운 아이들을 보지 못하여 한동안 울적했는데 요즘은 내가 사회 일 학년이다. 선배들에게서 퇴직 후의 새 삶을 배우는 '퇴직 일 년 차'이기 때문이다. 잘 배우는 아이들처럼 나는 배우며 살기를 희망한다. 배우려고 노력하는 동안엔 적당한 긴장감을 유지할 것이고, 그것은 떠나보낸 젊음의 아름다움을 대신하지 않을까.

우리나라는 전보다 훨씬 아름다워졌다. 산이 울창해졌고 꽃 또한 쉽게 볼 수 있다. 그러나 골목마다 마당마다 창마다 꽃이 더 많기를 바란다. '내가 꽃 한 포기를 심었더니 지구 한 편이 환해졌다'는 시처럼 나도 '동네 한 귀퉁이라도 환하게 하여' 보는 이를 기쁘게 해야겠다. 내가 누리고 산 것들에 대한 또 다른 보답 방법을 찾으면서.

(2013년)

소고삐를 잡다

우리들은 살아가면서 새로운 일을 만나게 된다. 그 일이 어려워 보이거나 나와 상관없는 일이라고 생각되면 피하기도 한다. 무심히 발을 들여놓은 일의 이면에는 어려움이 도사리고 있을 수도 있다. 그를 만날까 두려워하여 하던 일만 하고 살아서는 변화나 발전을 기대할 수 있을까. 그런 이유로 새로운 일에 발 들여놓고 허둥대는 딱한 사람이 여기 있다.

초등학교 3학년 여름, 아랫집 세 살 위인 동급생 친구가 쇠꼴을 먹이러 가자고 나를 찾아왔다. 한 번도 안 해 봤다고 도리질을 하는 내게 "쉬워. 소는 그냥 고삐만 잡고 있으면 제가 알아서 뜯어 먹는다니까." 하는 몇 번의 권유에 따라나섰다. 오빠들이 소 풀 먹이는 모습은 한가로워 보였고, 더구나 고삐 잡고 책까지 읽으면 매우 멋스러웠던 생각이 났기 때문이다. 소는 웃골 밭머리에서 파리를 쫓으며 심심하게 서 있다가 나를 멀거니 건너다보았는데 '우리 집 꼬래비네. 왜 왔지. 집에 갈 때는 아닌데.' 하지 않았을까. 나는 소가 뿔을 들이밀지는 않나 눈치를 봐 가며 소나무에 매어 둔 고삐를 겨우 풀었다. 아래 냇가 쪽 풀밭으로 데려가는데 과연, 소가 앞서 가고 나는 뒤만 따라가면 되는 것 같았다. 밭 하나를 지나고 비탈길을 내려가다가 연하고 맛난 푸성귀들의 유혹을 물리치지 못했을까. 소가 갑자기 달리기 시작했고 나는 고삐를 놓쳤다. 소는 남의 채소밭에 들어가 한 입 감아 먹고, 깨밭, 콩밭을 휘젓고 뛰어다니다가 담배밭에 들어가 담배 대를 마구 부러뜨렸다.

"소야, 그만 서라아." 엉엉 울며 소를 따라 뛰어다니는데 키 큰 담배밭 고랑 속에서 갑자기 이웃 할아버지가 나타나 구세주가 되셨다. 할아버지는 재빨리 소고삐를 잡고 '워, 워!' 하며 살살 당기니 꼼짝 못 하고 끌려 왔다. 냇가의 풀밭에 고삐를 매어 주시면서 "소도 어린 사람은 시피 본단다. 쟈처럼 어린 소도 아니고, 느이 소가 이리 큰디 너같이 째깐한 것이 고삐 잡으면 시피 보겠지?" 어린애가 소를 끌 생각을 했다고 어른들께 걱정을 들은 것은 물론이고 놀란 가슴 진정시키는 벌은 스스로 받았다. 소고삐를 놓치면 소는 제 마음대로 뛰고 잘못하면 소에게 끌려다니다 크게 다칠 수도 있다는 것을 알게 된 것은 그나마 소득이었을까.

요즈음 나는 커다란 소를 쉽게 보고 고삐를 풀어 든 어릴 적 나를 되풀이하고 있다. 수필을 쓰겠다고 덜컥 문학단체에 들어왔으니 말이다. 아니다. 처음부터 수필을 쓰겠다고 생각한 것은 아니었다. 2000년대 초, 교사 연수에서 나눠 주는 문학 동인지를 몇 권 받아 재미있게 읽은 것이 회원이 된 계기이다. 책 얻어 읽는 재미로 계속했던 연수에서 품이 넉넉한 선배님들이 포진해 계신 것을 알고 입회하면 퇴직 후에도 좋은 분들을 계속 뵐 수 있겠다는 셈도 했다. 게다가 신 선생님과 박 선생님을 비롯한 회원들의 열정과 친절에 보답해야 한다는 부담감마저 생겼다. 눈치 보지 않고 책 얻어 읽으려면 회원이 되어야 할 것 같았다. 그러다가 그룹 카페에 어릴 때 있었던 이야기를 썼다. 그런 재미난 이야기가 있냐고 칭찬하며 동인지에 척 올려놓아 주셨기에 그리 쓰면 되는 줄 알았다. 초보자에게 용기를 주기 위한 격려 차원이었는데 그것이 작문 수준인 줄도 모를 만큼 순진했었다. 부족한 글은 실어 주지 않았더라면 이렇게 힘든 일은 시작도 안 하고 나는 읽는 즐거움만 누렸으리라. 수필 쓰기에 대해 듣는 이야기가 많아지고 회원들의 수필집이 늘어나면서 글쓰기는 점점 어려워 갔다. 필력 차이로 주눅 듦은 물론, 사유가 깊지도 않고 문장력도 없고 상상력도 부족한 사람이 수필이라는 높은 산 앞에 서서 막막해하고 있으니, 꼬마였던 내가 큰 소를 놓치고 허둥대던 때와 닮지 않았는가.

백미문학과 초등문예연구회에선 유명 작가님의 강연을

연수 때마다 들려준다. 나 혼자서는 좀처럼 갖기 어려운 기회다. '들어가는 것이 많아야 나오는 것도 있으니 우선 많이 읽어야 한다. 문·사·철 600이 그것이다. 문학 서적 300권, 역사 서적 200권, 철학 서적 100권의 비율로 읽으시라.' 많이 읽으면 잘 쓸 수 있다는데 600권이라는 어마어마한 숫자에 그만 두 손 두 발을 다 들 지경이다. 음식을 많이 먹으면 뒤로 나오는 것도 많듯이 책을 많이 읽으면 저절로 쓸 힘이 생기리라고 용기를 내보지만 흐려진 시력 때문에 많이 읽을 수 없는 것이 문제이다. 게다가 손녀를 돌보는 것이 글쓰기보다 훨씬 재미있다는 것이다. 내 부족한 글은 세상에 없어도 되지만 내 손녀에게 손녀 바보인 이 할미의 돌봄은 꼭 필요한 일이기 때문이다. '글은 엉덩이로 쓴다.'라는 지당한 말도 들려준다. 진득하게 원고지, 아니 컴퓨터 앞에 앉아 있어야 뭔가 써진다는 얘기이리라. 사람 만나기 좋아하는 나는 약속이 많아 나가는 날이 많다. 그러니 글쓰기 위해 앉아 있는 시간이 절대적으로 부족하다는 것 또한 문제다.

원고는 내야 하는데 한 줄도 시작을 못 하고 있을 때는 수필에 코가 꿰어서 이 고생을 사서 한다, 써야 할 부담만 없으면 사는 일이 편할 것 같다고 생각한다. 그러나 회원들의 글을 읽는 재미, 인격과 교양과 따뜻한 감성을 갖추신 좋은 선배, 벗들과 만나는 기쁨이 그것들을 능가하기에 글은 쓰지 않으면서도 나는 아직 회원이다. 어린 시절, 쇠꼴

먹이기에 나섰던 용기를 이제 수필 쓰기에 발휘해 보려고 내 생활 태도를 점검하고 있다. 소고삐를 놓쳐 소가 풀을 뜯게 하기엔 실패했지만, '백미'라는 고삐를 꽉 잡고 놓지 않으면 해마다 최소한 글 두 편은 쓰게 되리라. 동인지에 두 편의 글은 실어야 하므로. 그러다 두 편이 서너 편이 되고, 어느 날 더 잘 쓰는 내가 되어 스스로 놀라는 일이 생기기를 바란다. 나은 글을 위한 요구에 부응하지 못하여 백기를 들까 생각하던 내게 때마침 용기를 주신 것일까, 어느 교수님이 '수필엔 무모한 용기와 도전이 필요하다.'고 말씀하신 것은.

동인지를 읽는 즐거움으로 시작한 문학단체, 그 덕분에 좋은 인연들과의 교류가 있고 써 보려는 시간을 내고 있으므로 나는 지금 생산적인 일을 하고 있다고 스스로 위로한다. 세상의 많은 일들이 '무모한 용기와 포기 없는 도전'이 있기에 발전되고 있다니 나의 앞뒤 생각 없이 입회한 도전을 지속하다 보면 글다운 글이 나오는 때가 오지 않을까. 쓰느라고 앉아 있는 시간에는 두뇌활동이 계속될 것이니 백세 시대의 치매 걱정에서도 자유롭기를 덤으로 바라고 있다.

(2014년 백미문학 특집, 스무 살, 백미를 읽다.)

개학 없는 방학

내 아이의 어린 시절, 방학 첫날이었다. 부엌일을 마치고 모처럼 신문을 펴놓고 앉았는데 앞 발코니에 나간 아이가 밖에서 놀고 있는 또래들에게 큰 소리로 외쳤다. "우리 엄마 집에 이있다아!" 재잘거리던 아이들 소리가 잠시 멈추는가 싶더니 "나도 있다!" 짤막한 대답이 되돌아왔다. 가슴이 짠해 있는데 멋쩍어진 아이가 들어와 엄마를 부르며 등에 매달려 볼을 비볐다. "우리 아들, 엄마 집에 있으니까 좋아?" "응."

아침을 먹으면 나가기 바빠 볼 수 없던 엄마가 오늘도 내일도 계속 집에 있을 거라고 하니까 아이는 밖에 나갈 생각도 하지 않고 종일 집 안에서만 놀았다. 그동안 엄마 없이 지낸 아이를 생각해 보았다. 또래들이랑 놀다가 슈퍼 가는 엄마를 따라 아이스크림이니 주전부리를 물고 오는 동무를 보면 저도 먹고 싶었겠지. 엄마 따라 나들이 나가는 친구를 볼 때는 또 어땠을까. 상냥하신 고모할머니가 업고 안고 다독거리셨지만 엄마 몫은 따로 있었나 보다. 그래서 삼십 대의 방학엔 '우리 엄마 집에 이있다아.' 때문에 일직과 연수를 제외한 모든 시간을 아이들과 함께했다. 아이들이 손 안 갈 때까지 모임을 보류하자고 친구들과 합의도 했었다.

사십 대는 아이들이 중고생으로 학교 공부에 바쁠 때였다. 아이들이 공부하는 때인데 엄마는 돌아다니기 바쁘면 안 되리라. 그래서 나도 공부를 했다. 공부하라는 잔소리를 하기 전에 엄마가 공부하는 모습을 보여 주는 것으로 무언의 압박을 주기 위해서였다. 덕분에 내 공부가 바빠서 아이들에게 잔소리는 일절 못 했던 것 같다. 자율학습을 마친 아이를 밤늦게 데려오는 일도 다른 엄마가 대신해 주는 일이 많았고 내가 한 경우는 손가락을 꼽을 정도이니 내세울 만한 일이 없다. 한때 '자유로운 영혼' 노릇 하느라 학원 대신 영화 구경에 빠진 아이를 알면서도 다그치지 않고 참았다거나, 아침 안 굶기고 도시락 빠뜨리지 않는 정도가 다였다고 할까. 그때는 입시제도가 복잡하지 않았기에 다행이었다. 요즘처럼 복잡한 입학 정보를 알아보는 일이 엄마의 몫이었다면 큰일일 뻔했다.

"여자 오십 대 중반이 황금기인 것 같아. 애들이 대학은 갔지, 아직 결혼할 때는 아니지. 정말 거리낄 것이 없는 때야. 오십 대 후반에서 육십이 되어 봐. 애들 결혼시켜야지, 며느리 사위 있지, 손자 생기지. 챙길 일도 많아. 홀가분하지 않다니까. 좋은 줄 모르고 엄벙덤벙 보내지 말고 맘껏 누리게나." 형님이 가르쳐 주신 좋은 시기인데도 매여 있으니 도막 시간이라도 잘 보내려면 사전작업에 공들여야 했다. 많은 시간을 연수에 투자했고, '보고 듣고 체험한 게 많아야 가르칠 게 많다.'며 여행 계획도 짰다. 학생 개인이 움직이면 공부가 되고 학생 단체가 움직이면 수학여행이 되듯이 교사가 움직이면 연수가 아니던가, 가르침에 쓰일 생생한 자료를 얻었으니. 여행을 위해서는 적금을 드는 것이 일반적이었다. 함께 모은 여행자금으로 떠나니 가족들의 양해를 얻기도 쉬웠다. 자금 모으기보다 어려운 건 시간 만들기였다. 이 모임 저 모임 방학 때 한 번씩 만나거나 여행 갈 시간을 확보하려면 날짜 맞추는 노력이 너무 커서 초반부터 기운이 소진되는 경우도 많았다. 요즘처럼 단체카톡방이 있는 시절이 아니었기에.

　이제 짧은 방학이 아니라 내내 집에 있게 되는 긴 방학 계획을 세워야 한다. 소위 육십 대의 길고 긴 방학 계획이다. 일만 하고 살았으니 내게 우선 휴식이라는 상부터 주어야 하리. 꽃 좋고 단풍 좋은 시기에 여행하는 것부터 시작할까. 성수기라고 비싼 돈 내며 더운 여름, 추운 겨울에만 어렵사리 떠났던 여행에 아듀 하는 기쁨을 만끽해 봐야 할 것 같다. 쉬고 즐기며 소비하는 일도 필요하지만 생산적인 일은 무엇을 할까. 창조적인 일이면 더욱 좋겠다. 아파트의 화단도 내 뜰처럼 심고 가꾸어 왔지만 소규모였으니 좀 더 시간을 들여 대대적으로 꽃밭을 넓히고 가꾸어 볼까. 아파트에만 살았으니 뜰 있는 집으로 가서 마당 가득히 꽃과 채소를 길러볼까. 소풍 가기 전날의 아이들처럼 들떠 있다.

먼저 학교를 떠난 선배들은 어떻게 긴 방학을 시작하셨을까. 가르치는 일의 전문가들이 배우는 일은 더 좋아하는가. 어느 남자 선생님은 주방을 차지하는 쪽에 주도권이 있다는 것을 깨닫고 요리학원에 다니더니, 잘해 주는 줄 알고 먹어 왔던 아내의 요리가 엉터리였다는 걸 알았다고 했다. 그럼 나도 제대로 된 요리를 하고 살았나, 갑자기 자신이 없어진다. 확인도 할 겸 요리도 배우고 싶다. 짧은 회화 실력으로 여행 다니지 말자고 영어 공부를 열심히 하여 수준급이 되었다는 분의 이야기도 솔깃하다. 악기를 배우고, 수영을 시작하고, 탁구를 한다는 분도 있다. 나도 하고 싶은 것 많고 수채화, 글쓰기까지 배우고 싶은 것이 많다. 시간 없어 못 한다고 미뤄 온 봉사활동도 있다. 퇴직과 함께 아프리카의 개발도상국으로 재능기부 봉사활동을 떠나는 숭고한 일을 계획하는 분도 계시는데.

기부할 만한 재능이 없는 나는 가까운 곳에서 봉사할 일에 손주 돌보기를 넣어야 할 것 같다. 아기가 어릴 때는 전적으로 맡을 수도 있겠지만 나는 육아 보조자, 아이 교육

보조자가 되어야 하리라. 다른 동물에게는 없는 할머니라는 긴 시간은 신이 인간에게 주신 매우 의미 있는 기간이라고 한다. 성장기가 길어서 보살핌을 오래 받아야 하는 어린 사람에게 생산 활동에 참여해야 하는 엄마 대신 인류문화의 전통을 잇게 하려는. 그런 이론도 들었으니 국민의 어린이를 가르치느라 내 아이를 돌보는 시간이 부족했던 빚을 그들의 자녀를 챙기는 것으로 탕감받아야 한다고 마음먹어 본다. 그러면 내 손주는 '우리 할머니 집에 이있다아.' 하고 외치게 될까. 아니 요새는 아이들이 더 바빠서 어린이집으로 어느 어느 학원으로 이곳저곳 데리고 다니는 기동성 있는 할머니이어야 할는지도 모르겠다. 그러면 '우리 할머니 차 가지고 오신다.'가 되려나.

퇴직한 지 여러 해가 되면 꽉 짜인 일정이 싫어지고 배우는 것도 시들하고, 그날그날 하고 싶은 대로 계획 없이 사는 것이 좋은 그런 시간도 올 것이다. 그때는 큰 아기처럼 바라는 게 많아질 남편의 이야기 친구, 나들이 친구, 외식 친구가 되지 않을까. 내 반 아이들에게, 내 집의 아이들과 손주들에게까지 양보했던 아내를 온전히 차지하고, 감 놔라 배 놔라 하는 잔소리를 하게 해 주는 것도 그동안의 둘째 자리를 참아온 데 대한 보답이 되려나. 그리되어 그 사람이 '우리 집사람 집에 있다.' 하고 의기양양, 자신만만, 희희낙락해 주면 고맙겠다.

(2012년)

운수 좋은 날

 오월의 연휴는 블랙홀인가. 손자 돌보는 할머니들까지 끌어들인다. 전국의 길이 북새통일 게 뻔하지만 '아기 돌보느라 수고하는 당신, 여행길에 오를 자격 있어요.' 가족의 응원까지 받은 다섯 친구가 모였다. 운전할 친구가 첫날은 산청의 한옥에서 머물자면서, 타이어도 모두 새 타이어란다. 완벽한 준비와 점검에 찬사를 보냈건만 어째서인지 차가 꽤 시끄럽다.

 창밖엔 아카시아, 이팝나무, 싸리 등의 흰 꽃이 녹색 속에서 상큼한데 눈 호강만 하라는 건가, 수다로 배가시킬 즐거움을 차의 소음이 삼켜 버린다. 기어가던 차가 어쩌다 속력을 내면 차 소리도 따라 더 요란스러워졌다. 정도가 지나쳐 정비소 측에 알아보니 '핸들을 조정해서 소리가 날 수도 있는데 시간이 지나면 괜찮아질 것.'이라고 했단다. 그런데도 걱정하던 다른 친구가 다시 '서비스센터에 전화하면 금방 와 줄 텐데.' 했지만 맞장구 지원이 없어서였을까. 여러 날 혼자서 애써 고른 여행지를 우리에게 다 못 보일 걱정이 더 컸을까. 두 번째 휴게소에서도 서비스센터는 부르지 않고 예정보다 많이 늦었다며 그냥 출발하였다. 산청이 한 시간쯤 남았다나, 길이 시원해지고 차가 속력을 내니 귀가 더 아파진다. 남의 차에 타면 아무 말 않는 나도 차가 전과 많이 다르다 했더니 "아까 말했잖아, 핸들 조정 했다고오!" 한다. 응원군을 얻은 조심 친구는 좀 더 커진 소리로 "아냐, 이건 사람을 불러서 알아봐야 해. 차부터 멈추고." 나는 때마침 울린 3시 기도 알람으로 성호를 긋고 머리를 숙였다가 드니, 일 차선의 뒤차가 일 미터 높이로 날고 있었다.

몇 미터를 날았을까. 날다 떨어진 차는 우리 앞을 지나 전방 십여 미터쯤의 앞 갓길에 멈췄다. 이 차선의 우리 차도 갓길에 걸쳐 섰다. 영화에서나 보는 장면을 의아해하며 차 밖으로 나오니 그 차의 운전자가 목을 만지며 우리 차로 왔다. 왜 올까 하며 차를 둘러보다 금방 상황이 파악되었다. 우리 차의 운전석 아래 바퀴가 빠져 일 차선으로 굴러가니 뒤에서 속력을 내던 차가 굴러가는 바퀴를 타고 올라가 날아 떨어졌던가 보다. 우리 차의 바퀴는 오는 동안 내내 붙잡아 달라고, 조여 달라고 구조 요청을 한 것이었는데 핸들 조정 때문으로만 알았다. 피해 차의 유치원생 남자아이는 놀라서 울고, 할머니는 허리 아프다 하고, 머리 수술을 했다는 아이 엄마는 머리가 차 지붕에 닿도록 튀어 올랐다 하니 일이 크게 났다.

　선조 임금은 전쟁 대비를 하는 어려움보다 왜가 전쟁을 일으킬 염려가 없다는 쪽의 수월함을 택하여 온 백성을 임진왜란이라는 도탄에 빠뜨렸다던가. 방독마스크나 안전모를 쓰지 않고 작업하던 사람이 변을 당했다는 뉴스도 봐 왔다. 우리는 점검 다 마치고 타이어까지 바꿨다는 쪽에 안주하고 믿어 의심치 않았다. 과학의 발전은 왜 그럴까, 과연 그럴까에 대해 의심하는 데서 시작된다던데 안전점검도 그렇게 의심하며 살펴야 하나. 차도 쉬어 줘야 한다면서 휴게소에 들르지만, 차를 둘러보고 이상 유무를 살펴보는 일은 처음 차를 사고 얼마간뿐, 곧 많은 이들이 귀찮은 일들을 빠뜨리고 만다.

　일을 겪고 보니 오래전 어느 자동차 정비업체에서 차를 수리한 기억이 새롭다. 장거리를 운행할 계획이어서 출근길에 맡기고 점검을 부탁하였다. 수리 전에 바퀴 두 개를 새 것으로, 두 개는 위치를 바꾸고, 브레이크 패드를 교환하겠다는 전화가 왔었다. 퇴근길에 찾으러 갔더니 책임자가 내 차에 오르면서 동네를 한 바퀴 돌아보자고 하였다. 브레이크를 자주 밟아 보게 하고 제동거리가 어떤가, 차 상태가 좋아졌나, 확인하란다. 가벼운 점검일 줄 알았다가 예상치 않은 비용이 나갔지만, 다음 날 운전에 마음이 놓였다. 친구 차를 정비한 업체도 그렇게 확인차 타 보았더라면 손해배상을 하는 일도, 부상자가 나오는 일도 없었을까. 확인 행정이 있어야 하듯이 확인 공정도 있어야 할 일인가 보다.

사반세기가 다 되어가는 우리 차를 나는 자랑스럽게 여긴다. 그러나 언제부터인가 다른 사람 태우는 일은 사양하고 있다. 카풀이다 뭐다 해서 자주 함께 다녔는데 동승자에게 생길지 모르는 불안감을 걱정해서다. 아이들은 내게 요즘 차는 작은 이상에도 신호를 보내고 개선되지 않으면 멈춰버리는 기능도 있으니 차를 바꿔 안전하게 다니라고 한다. 돌아보면 나 역시 힘을 들여야 할 일을 애써 외면하고 산다. 고르느라 시간도 들여야겠지만 통장과도 협의해야 하는 문제이니 주행거리로는 아직 새 차라면서 새로 사는 것을 미뤄왔다. 이는 노후된 타워크레인을 칠만 하고 새것인 양 쓰다가 많은 인명과 재산피해를 낸 어느 건설 회사를 반면교사로 삼아야 하는 일인지. 수고로움과 나가는 물자 없이 얻어지는 것이 어디 있으며, 불편을 감수하지 않고 지킬 수 있는 안전은 없다는데.

피해 차는 큰 충격을 받은 차라서 폐차할 수도 있고, 세 사람은 얼마간의 입원 치료를 받아야 한다고 했다. 겉은 멀쩡해 보여도 속은 다치는가. 나도 몸은 멀쩡했지만, 마음속은 양동이 속의 미꾸라지들 모양이랄까. 음주운전은 말리지 않은 동승자에게도 책임이 있다는데, 왜 더 빨리 '점검하고 가자'에 힘을 보태지 않았을까. 남의 차에 타면 운전자에게 이러니저러니 간섭하지 않는 것이 과연 미덕일까. 큰일 겪고서야 소음의 까닭을 알게 된 아둔함이라니. 그동안 별 사고 없이 지냈던 것은 자기 일 잘하는 프로들을 만난 우연의 행운이었지 않은가. 친구의 자책 역시 아프다. '내가 사람을 다치게 하다니. 내 잘못으로 인한 경제적 손실이 얼마나 될까. 나의 강한 의사 표현이 다른 사람의 입을 막았나. 남의 의견을 수용하는 일이 왜 이리 어려울까. 그래도 네 기도 덕에 이만했나 봐.'

후회와 아쉬움을 안겨 준 오월의 블랙홀. 한옥의 뜰 구경도 못 하고 구급차와 보험사를, 견인차와 대여 차를 기다리다가 언저리에서 되돌아와야 했음을 그 친구는 미안해한다. 그래도 그는 '실키 드라이버'임에 틀림없으리. 그런 사고는 전복으로 이어지는 경우가 많다는데 부드러운 운전으로 다섯 할머니가 손자 사랑을 계속하게 해 주었으므로.

(2016년)

운 없는 날

  '예.'와 '아니오.'는 요즈음의 내 화두가 되었다. 나는 '예'를 잘하는가, '아니요'를 잘하는가. 부탁을 거절하지 못하여 '예'라고 한 일이 특별한 경험을 하거나 좋은 일이 되기도 하지만, 나에게도 상대에게도 불이익이 되기도 한다. 돌아보니 아무래도 나는 '예'를 더 많이 하는 것 같다. 나에게도, 남에게도 유익이 되도록 '예' 하는 데 내 나름의 기준을 세워야 할 때가 된 것 같다.

  삼월 초, H시의 매머드급 쇼핑몰의 스파 이용권이 넉 장 있으니 함께 가자고 하는 S 선배의 전화를 받았다. 생긴 지 얼마 안 되어 지나면서 겉만 보았지 들어가 본 적이 없었기에 구경을 좋아하는 내가 그러자고 하였다. 수년간 나와 카풀을 하신 선배는 내게 차를 가져갈 수 있냐고 한다. 운전을 잘하는 J 선배가 거기는 안 가 보아서 안 한단다. 내 차는 처분했고, 필요할 때 타라는 아들의 차는 많은 버튼 기능을 다 못 익혀 난감했다. 초보운전자처럼 연습하고 시내는 다녔지만, 언제까지 시외를 피할 것인가. 새로운 곳을 가자고 부탁하니 삼십 년의 운전 경력을 믿고 용기를 내야 할 것 같아서 내가 운전하겠다고는 했다. 가는 날이 되자 K 선배가 몸살감기로 못 가게 되어, 자주 뵙지 못하던 M 선배가 대신 온다고 한다. 그럼 M 선배가 운전하면 안 될까요 하는 부탁을 하려다 그만두었다. 운전을 부탁하러 초대한 셈이 되니 S 선배님이 곤란할 것 같았기 때문이다.

꽃샘추위인가. 3월 중순인데 바람이 찼다. 올림픽 대로를 달리는 차 안은 훈훈하여 밝은 햇살 가운데 봄이 둘러있음이 보였다. 벌써 풀들은 파랗게 자라 있었고 개나리 줄기에도 물이 오르는 것 같았다. 두어 주일 후쯤이면 개나리 진달래가 만발한 올림픽대로를 볼 것 같아 아까웠지만 오랜만에 만난 선배들은 이야기꽃을 피우니 내가 차 가지고 나오기를 잘했다는 생각이 들었다. 출발한 지 한 시간쯤 되었을까. 쇼핑몰 주차장에 잘 도착하였다. 먼저 온 차가 전진 주차를 하였고 남은 주차 자리도 많아서 나도 따라 그렇게 세웠다. 무사히 왔다는 안도감과 함께 내려서 보니 내 차가 이웃 차들보다 꽁무니가 약간 튀어나와 있다. 그대로 두고 가자는 말씀을 들었음에도 배려가 지나쳤나. 다시 천천히 더 들여 넣었다. 차에서 내리니 스톱바를 어떻게 넘었느냐고 재주도 좋단다. 그러고 보니 무엇인가를 살짝 넘어가는

가 싶었던 게 스톱바였다. 워낙 천천히 움직였기에 어물쩍 넘어가 버렸던 모양이다. 괜찮을까 하면서도 큰 걱정은 하지 않고 우리 네 사람은 찜질방에 들어갔다.

구경 삼아 이 방 저 방 둘러보는 데도 워낙 넓어 많은 시간을 썼다. 새 시설은 럭셔리했다. 레저시설에도 막대한 자본을 투자하는가 싶어 아깝다고 생각하는 것은 내가 돈 버는 법을 모르는 비사업자이기 때문이리라. 자본가가 먼저 투자한 생산비를 이용자가 회수시켜 주는 구조인가. 투자금액이 클 테니 받아야 하는 이용료도 많은가 보다. 선전은 다방면으로 한다. 그중 하나로 자신들의 계열사, 백화점 VIP 고객을 초대하고, 그 고객은 지인들을 초대하니, 나같이 찜질방 애용자가 아닌 사람도 잠재이용객이 된다. 다만 입소문을 내주는 이용자로 만족하는지도 모르겠지만, 넓은 공간에 다양한 온도와 기능을 갖춘 방을 줄줄이 배치하여 놓아서 입장객이 많은 데도 북적거리지는 않았다. 천정이 높아 그런가. 고급스러운 마감재 때문일까. 처음 왔기에 위축되는 느낌도 들었다. 선배들이 사는 점심을 먹고 차도 마시며 바깥은 추운데 훈훈한 곳에서 쉽지 않은 경험을 했다고 초대해 준 S 선배에게 치하도 했다. 못 가 본 곳을 새로 경험했으니 운이 좋은 날인가.

잘 왔고 놀기도 잘했다. 이제 무사히 서울에만 가면 된다. 운 좋게 앞줄에 차가 없었더라면 쉬운 전진으로 나오지 않았을까. 그런데 후진을 해야 한다. 부드럽게 넘어갔으니 뒤로 나오는 것도 그러려니 했다. 높은 스톱바 생각을 했으면 좋았을 텐데 전혀 못 했다. 세 분 모두 편안히 기다리는데도 불구하고 나는 마음이 급해 가속페달을 밟았다. 스톱바 뒤에서 힘주어 액셀을 밟으니 차는 무리하게 넘어오면서 '우지끈 뚝딱' 큰 소리로 아픔을 호소했다. 아차. 높은 스톱바에 걸린 낮은 앞 범퍼가 너덜거리고 뚜껑 일부가 찌그러져 들려서 일부 끊어진 전선 다발과 내부기관이 드러났다. 차가 안 나가면 생각부터 했어야 했는데, 오답 제출 후 정답 생각인가. '차는 언제나 후진 주차 하세요'라는 아들의 당부를 지켰어야 했다. 후진 주차해야 하는 이유까지 기억했더라면 그리했을까. 시험 볼 때 까닭도 모르고 외워둔 건 응용이 안 되어 틀리지만, 공부 시간에 잘 듣고 이해했던 것은 외우지 않아도 풀 수 있었던 일과 비교되려나.

어쨌거나 큰일을 벌여 놓았다. 머리가 멍청하면 손발이 고생한다더니 해야 할 일이 줄을 섰다. 우선 여기저기 알려야 했다. 큰일을 당했는데 마음은 오히려 가라앉는다. "아들, 엄마가 자동차를 망가뜨렸네." 하니 "사람은요?" 한다. 다친 사람 없고 주차장이라니까 그럼 됐단다. 보험사를 부르고 아들에게 차의 상태를 찍어 보내니 크게 상한 건 맞지만 너무 염려 말라고 나를 안심시킨다. 차가 움직이기는 해서 도로로 이동한 뒤 견인차를 기다리는데 아들은 이리저리 하라면서 위로까지 한다. 인명 피해, 대물 피해 없는 자차

사고일 뿐이라고 사건을 축소, 자위해 보지만 패잔병의 기분이 이럴까. 아들과 가족들에게 미안했다. 거액의 수리비 외에도 근 한 달간 차를 타지 못하게 만들지 않았는가. 같이 간 선배들 보기 민망했는데, 꽃샘추위에 떨었던 S 선배는 호되게 앓기까지 했다 한다.

나는 거절을 어려워하는가. 말에 대한 책임에 연연하는가. 자신이 없는 데도 '예' 하고 나선 무모함의 결과가 아니랴. 심한 자책 때문이었을까. 눈도 몸의 컨디션도 업시켜 보자고 나간 호화나들이가 정신건강까지 다운시켰다. 남은 날을 위해 당일치기 초고액 과외를 받은 날로 치부했는데도 여러 날 얼굴을 펴기 어려웠다. 판단력, 순발력이 전과 같지 않아 '운 없는 날'로 만들 염려가 있으니 운전만큼은 '예'에 신중해야겠다.

(2018년)

제4부
내 강아지

아직은 원해도 되려나

예순을 넘기면서부터는 가진 것을 버리라 한다. 많이 남겨 놓고 떠나면 자녀들이 고생하니 내 것은 내가 치우고 가야 한단다. 잡동사니들은 버리면서 살아야겠지만 100세 장수 시대가 나한테도 적용이 될지 모르니 아직도 많이 남았을 세월을 생각하여 지금까지 갖지 못했던 것을 꿈꿔 보려 한다.

나는 나만의 서재를 갖고 싶다. 우리 집의 서재는 남편과 아들의 공동이어서 나까지 끼어들 자리가 없다. 나의 작은 책상이 놓인 곳은 안방이다. 화장대 끝에 작은 책상이 하나 얹혀 있어 그 책상 위에 컴퓨터를 얹어 놓으니 수첩이며 노트며 책들을 펴놓을 공간이 부족하다. 한 권을 다 읽고 새로운 책을 보는 편이 아니어서 이 책 저 책 쌓아 놓기를 잘하는데 식탁을 주로 사용하니 식사 때마다 치워야 하는 불편이 있다. 게다가 날이 갈수록 책이 늘어나 버려야 할 책을 뽑아내는 일도 책들에게 여간 미안한 일이 아니다. 다 읽을 때까지 책상 한편에 두어도 될 넓은 책상과 늘어나는 책을 감당할 수 있는 책장이 있는 나만의 서재가 있었으면 좋겠다.

나는 넓은 꽃밭을 갖고 싶다. 예닐곱 살부터 몸에 밴 꽃 가꾸기는 지금도 변치 않아서 실내원예에만 만족하지 못하고 아파트 뜰에도 꽃을 심는다. 큰 나무에 가린 뜰은 노력에 비해 효과가 작고 큰 돌이 많이 숨어 있어 심기도 전에 돌 파내는 일에 어깨, 허리가 아프다. 게다가 정원 관리하시는 분들이 풀 깎는 기계로 마구 깎아 버릴 때는 의욕이 상실된다. 접시꽃을 잘 가꾸고 싶은데 몇 번씩이나 베어 버려서 관리소장에게 편지를 보냈더니 도종환 시인의 '접시꽃 당신' 시를 보내 주면서 사과한 일도 있다. 이제 꽃 가꿀 시간도 충분히 확보되었으니 방해받지 않고 볕 잘 드는 마당 넓은 집에서 꽃을 가꾸고 싶다. 다년생 초화를 기본으로 심어 놓고 일년초로 마당 가득 꽃을 피워 올려 찾아온 손님이나 지나는 분들이 분양을 원하면 아낌없이 나누어 주고 싶다. 가방 가득 모아 놓은 꽃씨가 제자리를 찾아가기 바란다.

나는 새 차를 갖고 싶다. 현재 가지고 있는 차는 두 번째 차이다. 첫 번째 차는 7년을 넘게 타고 사촌 동생을 주었다. 그 동생이 운전 연습용으로 끌더니 일 년도 채 안 되어 폐차를 시켜서 내 손을 떠난 차인데도 아까웠다. 물건은 쓸 수 있을 때까지 써야 한다고 고집하다가 지금 차는 몇 달 있으면 만 24년이 된다. 우리나라의 자동차 만드는 실력을 높이 평가하며 큰 고장 없이 잘 타고 다니는데 새 차를 갖고 싶다는 생각은 재작년 여름부터다. 남의 차라면 어찌 잘못해 놓을까 봐 겁내는 소심한 내가 내 나라도 아닌 미국에서 오빠 차를 운전했다. 오빠 차는 부드럽게 시동이 걸리고 미끄러지듯 출발하여 소음 없이 달리는 데다 가속도 금방 되고 매우 편안해서 마음에 들었다. 탈 수 있을 때까지 타겠다고 눈 돌리지 않는 사이 자동차 제작 기술은 이렇게 발전한 것을. 내 말에 책임을 지기 위해서, 또 이 일 저 일로 우선순위에서 밀린 자동차 새로 사기를 고려해 보아야겠다. 그리되면 다른 사람을 태울 때 '차가 좀 연세 들어서 미안합니다.'라는 애교와 차의 나이를 말하는 수고 따위는 안 해도 될 것 같다.

나는 요즈음 부쩍 좋은 눈을 부러워한다. 시력 측정값 2.0과 1.5를 왔다 갔다 할 정도로 눈이 좋았는데 오십 중반을 넘으면서 돋보기가 필요해졌다. 쓰고 보니 멀리 볼 때는 벗어야 하고 책을 봐야 할 때는 써야 하는 등 불편함이 컸다. 어느 1학년 어린이가 '우리 선생님은 안경을 썼다 벗었다 ○○을 하십니다.'라는 글을 썼다는 말을 때마침 듣고 웃다가 내가 그 꼴이 날 것 같아 다초점 안경을 맞추었다. 다초점 안경은 썼다 벗었다 하지 않아 오래 쓰고 있는 탓인지

콧잔등이 눌려 아프고 자국이 생긴다. 이제 일에서 놓여나 읽을 시간은 넘치는데 읽다 보면 어느새 침침해져 긴 시간 읽지도 못한다. 그런데 나이 든다고 모두 눈이 나빠지는 건 아닌가 보다. 아침저녁 지극정성으로 눈 주위를 마사지하여 안경을 벗었다는 선배처럼 좋은 시력을 되찾아 마음껏 책을 읽을 수 있으면 좋겠다.

　나는 사물의 본질을 잘 찾는 통찰력을 갖고 싶다. 글감을 고르는 능력도 부족한데 겨우 찾아낸 소재에 사유가 부족하여 글쓰기가 두렵다. 주위 분들이 낸 책을 보면 더욱 자신이 없어진다. '현상은 조금 쓰고 본질을 써라, 재해석을 하라, 낯설게 하라 등'의 주문엔 글쓰기를 아예 포기하고 싶어진다. 오래전 유명 수필가들의 글은 있었던 일을 평이하게 썼어도 재미만 있는데 요즘은 왜 그렇게 어려운 것들을 주문하는지 모르겠다. 작가는 현상만 쓰고 본질을 찾아내는 것은 독자의 몫으로 남겨 놓는 것이 오히려 글을 읽는 재미가 있지 않을까. 사유를 끝낸 작가가 재해석까지 내놓아야 문학이라며 현상만 쓰려면 쓰지도 말라니 노력하면 얻어지는 것인지 알아볼까 한다. 내가 잘 쓸 수 없다고 문학의 시대사조를 거스를 수는 없지 않은가.

　갖고 싶은 것을 열거하고 보니 좋은 시력과 수필을 잘 쓰는 통찰력 말고는 모두가 큰돈이 들어가는 것들이다. 물질이 아닌 것을 바라고 싶지만 나의 생각이나 생활 수준이 그저 그러니 어쩌랴. 생각해 보면 서재나 꽃밭은 서울 시내를 벗어나 전원주택으로 가면 해결될 수 있는 일이다. 그리하면 안락한 자동차도 얻을 수 있을 것이다. 그렇지만 오랫동안 터 닦고 살아온 익숙함을 떨치고 일어나 새로운 환경으로 바꾸기 위한 결심과 준비 과정이 얼마나 많은 계산과 발품과 시간을 요할까. 생각만 해도 아찔하다. 힘들이지 않으면 얻는 것도 없다는데, 새것을 가지려면 이미 가진 것을 포기해야 하는 상황이 안타깝다. 그러나 꼭 얻고자 한다면 삶의 터전과 생활방식을 바꿀 수 있는 용기와 계획한 일을 실행할 수 있는 추진력, 힘든 일을 겁내지 않는 체력을 구해야 하리라. 아니 그보다 먼저 가족들의 의견을 종합하고 이 일 저 일의 경중, 득실을 따져볼 줄 아는 지혜부터 모아야 하지 않을까.

어려운 과정을 거쳐 이 일들이 이루어진다면 나는 넓은 서재에 책을 쌓아 놓고 좋아진 눈으로 책을 읽을 수 있겠다. 안락한 새 차를 운전하는 기쁨도 누릴 수 있겠지. 친구들을 태울 때도 망설이지 않게 되려나. 때로 뜰에 나와 꽃을 가꾸며 박경리, 박완서 선생님처럼 노년을 멋지게 보낼 수 있을 거고. 그리되면 더 나은 수필을 쓰게 되지 않을까. 생각만 했는데도 가슴이 두근거린다.

(2013년)

내 강아지

 상큼한 여름 아침이다. 매미 합창이 아침을 연 것은 같지만 오늘은 특별하다. 첫 손자가 태어나고 육 개월 만에 온종일 내 차지가 된 것이다. 방학을 하니 이런 즐거운 일도 생긴다. "아이고, 내 강아지, 오늘 하루 할머니와 뭘 하고 놀까." 아기 돌보아 주는 이모에게 일이 생겼단다. 아기와 함께 아기 물건을 거실 가득히 채워 놓은 딸과 사위도 출근하고, 나는 태호와 무엇을 하며 하루를 보낼까 궁리하였다. 우선 손자를 안고 궁둥이부터 다독이고, 볼을 비비고 눈을 맞추다가 깜짝 놀랐다. 무심코 '내 강아지'라고 부른 것을 깨닫고 였다.

 토요일 오후나 일요일 한나절씩 아이를 돌본 날이 석 달째이지만 그렇게 부른 것은 처음이다. 아무도 없으니 쉽게 나왔을까, 아직은 젊은 할머니인데 '내 강아지'라니. 그 말은 내게 애틋한 추억으로 남아 있는, 나를 부르던 말이었는데. 우리 할머니는 '내 강아지'로만 나를 부르셨다. 그냥 '강아지'가 아니고 '내'가 꼭 함께였다. 내가 할머니를 부르면 할머니는 눈을 반짝 빛내고 얼굴 가득 웃음을 먼저 담고 "워이, 내 강아지."로 대답하였다. '다녀왔습니다.' 하면 할아버지의 대답은 '오냐'로 간단 근엄하였고, 엄마는 '그래' 하고 기색만 살펴보는 절제된 응답인 데 비해 할머니는 "워이, 내 강아지 왔는가."로 환영을 하니 할머니가 반겨 주는 것이 제일 좋았다. 할머니의 '내 강아지'는 사람이 많이 모인 곳에서도 주저함이 없어 지금까지 유쾌한 기억으로 남아 있다.

학교에 들어가서 첫 학예회, 첫 프로그램이었다. 두 개의 교실을 터서 만든 강당에는 부모들이 가득 앉아 계셨다. 나를 포함한 여섯 명의 이 학년 아이들이 병아리 무용을 하고 인사를 드리니 "워이, 내 강아지들 잘했네." 분명 우리 할머니 목소리였다. 부형석에 웃음이 크게 일었고 우리는 다시 많은 박수를 받았다. 우리들의 긴장을 누그러뜨리는 적절한 칭찬의 말씀이었나 보다. 또 한 번은 초등학교 졸업식 때다. 학교의 큰 행사는 할아버지가 참석하시는데 감기를 앓고 계셨기에 할머니가 오셨다. 삼촌과 고모, 오빠 둘이 차례로 졸업하였고, 그리고 내가 그 학교에서 마지막이었다. 졸업식의 끝자락 5학년 동생의 송사 다음, 나의 답사 차례였다. 선생님들께 감사를 드리고 학부모석으로 돌아서서 6년의 뒷바라지에 감사의 말씀을 드리는 순간이었다. "아버지, 어머니!"를 부르고 잠시 쉼을 주는 사이, "내 강아지 잘하네, 어서 허소." 조용했기에 할머니의 한숨 섞인 작은 독백이 좌중에 들렸고 모두의 얼굴에 미소가 폈다 한다.

그날 할머니는 스물 몇 분의 전교 선생님께 홍어회와 청주가 곁들인 식사를, 그것도 외상으로 크게 대접하셨단다. 60년대 초반의 어려운 농촌 살림에도 '내 강아지들'을 가르쳐 오신 선생님들께 보은의 자리를 마련하였던 일을 두고두고 잘했다 여기셨다. 부지깽이도 덤벙인다는 농번기, 할머니가 나를 찾다가 책을 읽고 있으면 '내 강아지, 책 읽네.' 하고 그냥 문을 닫았다. 할머니는 언제나 그랬다. 책을 보고 있으면 심부름도 면제였다. 중학교 3학년 때 제주도로 수학여행을 갔다. 뱃멀미로 뒤엉켜 구를 때 옮았을까. 가려움증을 얻어 긁고 있었다. 서울에 다녀오신 할머니가 양약이 안 들으면 한약을 먹였어야지 고등학교 갈 '내 강아지'를 긁느라 공부를 못 하게 한다며 바로 어머니를 보내셨다. 할아버지는 농업고에 가라는데 할머니 생각은 달랐다. "여자도 잘 가르쳐 놓으니 아침마다 양복 입고 출근합디다. 사돈댁 며느리를 보았소." 서울로 가야 숙부들 덕에 고등학교에 갈 수 있을 텐데 긁적거리고만 있으니 시험이 걱정되셨던가 보다. 내가 차려입고 매일 출근할 수 있었던 것은 순전히 할머니 덕이었던가.

이런 추억들로 할머니의 '내 강아지'를 가슴 먹먹함 없이 생각하지 못한다. 내가 한 일은 언제나 잘한 일이고, 내 말은 뭐가 되었든 들어주고, 내 이야기가 제일 재미있고, 나는 언제나 할머니에게 으뜸이었기 때문이다. 서울에 갈 때마다, 나들이 때마다 데리고 다녔는데 학교 들어가고부터는 그러지 못해 매번 섭섭하다 하였다. 할머니의 무한 사랑을 받아서일까. 어려운 일이 닥치면 할머니부터 생각이 나고 계시지도 않는 할머니께 기대고 싶어진다. "내 강아지, 애비 얼굴도 못 본 내 강아지. 인공 때 니 애비 잃고 밥 한술 못 넘길 때도 내 강아지 냉겨 주고 가서 살았다." 맏아들을 그리고 계셨을까. 할머니 무릎에 얹은 내 머리를 한없이 쓰다듬으며 혼자 하던 말씀이 떠오르고, '내 강아지, 내 강아지' 하며 나를 다독거려 주실 거라고 생각하면 눈 주위부터 뜨거워진다. 독사주임을 숨기고 마시게 해 고운 이를 상한 뒤, 아들 앞서 보낸 어미가 뭘 그리 잘 먹겠다고 틀니를 하느냐며, 속죄처럼 고행처럼 잇몸으로 사신 할머니였다.

내게 손자가 생기니 할머니 생각을 더 하게 된다. 그리고 내 할머니처럼 손자를 불렀다. 예부터 할머니들은 귀여운 손주를 왜 강아지라고 불렀을까. 어린 자식이나 손주를 귀엽게 이르는 말로 '강아지'라고 했다는데 거기에 '내'가 붙으면 더 다정한 말이 된다. 어떤 이는 귀한 자식을 나쁜 것들로부터 보호하고 오래 살게 하려고 험한 이름을 붙여 준 것이라고 하지만, 사람 품을 파고들며 재롱을 떠는 새끼들

중에 가장 귀여워서가 아닐는지. 거기에 어감까지 부드럽지 않은가. 이름은 만인이 부르니 내 소유가 아닌 느낌이지만 '나의'의 소유 의미 때문일까. 할머니는 '워이'의 대답과 '내'를 붙여 '워이, 내 강아지'로 할머니만의 말씀으로 만들었다. 여러 할머니들의 '강아지'를 들어 보았지만 내 할머니의 그것만큼은 감칠맛이 없었으니 팔이 안으로 굽어서인가. 어린 날, 동네 할머니들 중에서 왜 우리 할머니가 제일 예쁘냐고 여쭈었을 때 활짝 웃으며 '니 할미라 그렇단다.'와 같은 맥락일까.

 태호는 나와 눈을 맞추고 잇몸만 있는 입을 활짝 벌리고 웃어 준다. 그 얼굴이 예뻐서 나를 깜박 넘어가게 해 놓고 부지런히 제 목표물을 향해 기어간다. 왼손 오른손을 바꾸어 마룻바닥을 짚으면서 타닥타닥 소리를 즐기는 듯이 보인다. 기어 다니는 아기가 온다고 아침 일찍부터 쓸고 닦은 할아버지 덕에 바닥은 깨끗한데, 높은 데도 닦았을까. TV대를 잡고 일어서려고까지 한다. 빠트렸을세라 안아 올리며 색깔 고운 그림책도 함께 집어 든다. '오늘 하루 할머니와 재미있게 놀자. 책도 읽어 주고 기어가게도 해 주고 이야기도 해 줄게. 노래도 하고, 꽃도 보고, 공원에도 나가자. 실바람도 만져 보고 큰 나무 그늘에서 조각 난 하늘도 쳐다보자. 비둘기도 까치도 너를 보러 올 거야. 세상에는 네가 처음 보는 신기한 것들로 가득하단다.'

오늘 자장가는 꼬꼬닭과 멍멍개에게 조용히 하라고 할 게 아니라 저리 울어 대는 매미에게 부탁해야 할 것 같구나. 오라는 곳, 갈 곳 많아 바쁜 할머니이지만 오늘은 너만 볼 거다. 할머니의 일 중에 가장 보람 있는 일이 너와 마주 보며 웃는 일 아니겠니. 내 강아지, 내 할머니도 내게 그러셨거든.

(2010년)

봄비

 요즘은 전 국민 화장 시대인가. 모공까지 다 드러나 보이는 화소 높은 텔레비전 때문일까, 뽀얀 피부의 남자 아나운서는 그렇다 치고 연세 높은 남성들까지 모두 화장을 하고 출연하는 것이 보편화된 것 같다. 눈썹 수정도 화장도 했는지 안 했는지 모를 만큼 자연스러운 얼굴이 보고 싶은 것은 나만의 바람일까.

 일요일 저녁, 텔레비전에서 오랜만에 '도전! 골든 벨'을 보았다. 화장을 한 학생들이 대거 등장한다. 그들은 화장하면 예쁜 줄 아는가. 계속 보기 거북하여 채널을 돌렸다. 이른 아침 등교하면서 립스틱을 바르고 아이라인을 그리며 가는 학생도 보았다. 부모의 눈을 피해 밖에서 그리는지, 시간이 늦어 그러는지는 모르겠으나 칠하는 것이 오히려 역효과라는 것을 모르지 싶다. 저 학생들도 '젊음만으로도 예쁘다'는 말을 나이 들고서야 알게 되려나. 푸릇푸릇한 학생들 보는 일이 즐거웠는데 화장한 학생들을 보는 일은 그렇지 않으니 내게 낡은 인습의 꺼풀이 씌워 있는 것은 아닐까. 여리고 고운 피부가 색조화장품으로 상할까 싶어 걱정스럽고 치장하느라 정작 중요한 일을 놓치게 될까 염려된다.

　화장하는 학생들을 보다 옛일을 떠올렸다. 이제야 얘기지만 내게는 부끄러워 입 밖에 꺼내지 못한 일이 하나 있다. 나이가 많아지니 창피한 줄도 모르고 내놓고 깔깔거리게 되었으니 이만하면 이제 나도 두꺼운 얼굴이 된 것 같다. 내가 20대 중반일 때, 사월 어느 월요일이었다. 온 동네에서 다 보이던, 건너편 대학의 커다란 목련나무의 꽃도 지고, 벚꽃도 지고, 라일락이 향기를 날리던 때였다. 여자들의 옷차림이 얄풋해졌고 나도 모양내고 싶은 봄, 봄이었다. 그날은 전근해 온 새 학교에서 처음 맞는 교통 당번 날이었다. 늦지 않아야겠다는 긴장감이 터무니없이 일찍 일어나게 하는 바람에 나는 넉넉한 시간을 몽땅 거울 앞에서 소비했다. 만족할만해서야 밝은 원피스 차림에 우산을 들고 네거리로 나갔다. 비가 올 듯싶었기 때문이다.

　신호가 몇 차례 바뀌고 부슬부슬 봄비가 내리기 시작했다. 내 준비성에 스스로 쾌재를 부르며 통행에 방해될세라 우산을 높이 받쳐 들고 신호에 따라 아이들을 보내고 맞고 있었다. 네거리의 교통 당번 상황을 아침마다 점검하신다는 교장 선생님께서도 도착하셨다. 그런데 교장 선생님의 시선이 내게 좀 오래 머무신다. '왜 저렇게 오랫동안 보실까. 가까이서 보니 예쁘다고 놀라셨나.' 젊음을 무기 삼아 다니던 첫 학교를 떠나 두 번째 학교로 옮길 만큼 나이도 들었으니 새로이 화장품 가짓수를 늘려 가려던 참이었다. 신호가 두어 차례 바뀌는 동안 회사원 차림의 젊은 남자들도 나를 한참 보고 간다. '하긴 오늘은 내 눈에도 좀 예뻐 보였어. 이래서들 화장하는 건가.'

 예뻐 보인다는 생각에 삼십여 분을 지루한 줄 몰랐고 비탈길도 가뿐하게 올라 교실 안에 들어갔다. 출입문 옆 거울에 슬쩍 눈길을 주는 찰나, 바람처럼 교실을 다시 나올 수밖에 없었다. 쥐구멍은 이래서 찾는 거구나. 예뻐서 본 것이 아니었다. 아침 내내 공들였던 그 얼굴을 상상하던 내게 까만 라인이 눈 밑에 둥글게 그려져 망측하기 이를 데 없는 얼굴이 비쳤던 것이다. 야구 선수들이 햇빛 반사를 막기 위해 그린다는 그 까만 선과 닮은. 끔찍한 내 모습을 반 아이들이 봤을까 걱정이었고, 사람들이 오래 보던 생각을 하니 아침 내내 즐거웠던 기분이 순식간에 나락으로 떨어졌다. 마스카라 때문이었다.

 전날, 비행기 승무원인 친척 동생에게 누이 예쁘다고 칭찬했더니 "마스카라를 발라서 그래. 언니 눈도 크니까 이거 바르면 속눈썹도 올라가고, 눈도 또렷하게 보이게 해 줄 거야." 동생은 외국에서 사 왔다면서 마스카라를 선물했다. 그것을 발라 보느라 수정을 거듭하다 아침 시간을 다 보냈다. 나를 쳐다보는 사람이 많아서 예뻐 보이는 줄 알고 흡족해 있었는데, 마스카라로 힘껏 올려놓은 속눈썹이 봄비로 축 처져 검은 라인을 눈 밑에 그려 주었는데 예쁜 줄만 알았다니. 누가 오랫동안 쳐다보면 거울부터 봤어야지, 예쁘기는커녕 괴물 꼴을 하고선. 이보다 더한 망신이 어디 있으랴. 말해 줘야 하나 말아야 하나 고민하셨을 교장 선생님은 어떻게 다시 보고 이다음에 교통 당번은 어찌 다시 설까.

발등까지 떨어진 참담한 기분을 끌어올리기 위해 첫 시간부터 배운 노래를 다 불렀다. 학기 초라서 배운 노래가 적으니 새 노래까지 가르쳤다. 아이들은 영문도 모르고 나의 과장된 밝은 표정에 혹해서 함께 즐겨 주었다. 봄비 내리는 아침, 노래부터 부르니 5학년 여자아이들 일흔일곱 명의 표정이 모두 행복해 보인다. 저렇게 해맑은 얼굴들을 어디서 볼까. 얼마나 예쁜가. 웃어서 더욱 고운 얼굴을 비교할 데가 있을까. 아이들의 까만 눈이 보석보다 더 반짝인다. 행복하게 웃는 저 얼굴들이 최고의 아름다움 아니랴. 아이들을 보면 저절로 웃음이 나오니 얼마나 다행인가. 내가 한 번 웃으면 아이들은 열 번도 더 웃어 주니 하나가 칠백 칠십으로 돌아오지 않는가. 나의 비참한 기분이 아이들의 노래와 빗소리 속에 서서히 실려 나갔다.

마스카라 사건으로 화장품을 늘려 가려던 일은 중단되었다. 때로 립스틱이라도 바르라고 어렵게 말씀해 주시는 충고를 듣기도 한다. 나이 든 사람이 화장을 안 하면 예의가 아니라던가. 애들 결혼식 때 깜짝 변신을 해 본 것 외에는 남에게 혐오감을 주지 않을 만큼은 덮어 감추기를 하고 나서지만 시간이 지나면 언제 발랐나 싶게 된다. 일전에 들은 얘기다. 학부모 중에 미모의 유명 탤런트가 있는데 학교 바자회에 나와서 판매를 돕다가 이십 분 간격으로 사라졌다 나타나는데 그게 화장을 고치는 시간이란다. 얼굴을 간판으로 아는 배우는 그래야 하나 보다. 젊어서부터 안 하던 버릇이 어찌 생기랴만 좀처럼 나이가 들지 않는 연예인들을 보고 사는 요즈음, 지나치게 무심하면 안 되리라. 상대방을 위한 봉사 차원에서 거울을 좀 더 볼 생각을 해 보지만 없던 습관을 만들 자신은 없다.

돌이켜 보면 마스카라 망신이 오히려 잘된 일이었지 싶다. 기본만 바르니 황금 같은 아침 시간을 내 집 애들 돌보고, 집 대충 치우고 학교 아이들 빨리 만나러 총알처럼 나갈 수 있었지 않았는가. 그때 이후 최상의 화장은 웃는 얼굴이라는 생각에는 지금도 변함이 없다.

(2018년)

빛

    죽음을 면제받은 사람은 아무도 없다. 어느 날 갑자기, 또는 운이 좋아 준비하고 맞을 수도 있겠지만, 사랑하는 가족, 일생을 바쳐 일해 온 직장, 생각을 같이해 온 친구도 다시는 볼 수 없는 것, 애면글면 모아 온 적은 재산, 안락한 집, 맛있는 음식, 즐거운 놀거리와 볼거리, 아름다운 자연 경치, 이루고 싶었던 소망들, 나날이 발전하는 세상도 다 두고 가야 한다. 내가 죽어도 세상은 한 치의 변함없이 그대로 있을 터인데. 오늘 저녁 해가 진 것처럼 나도, 너도 죽는 것은 너무나 확실하다.

    2월의 첫 토요일 오후, 주 6일 근무하던 때였다. 달콤한 휴식을 떨치고 집을 다시 나서는 일이 무척 힘들었지만 가 보지 못한 미리내 성지라니 용기를 내야 했다. 차는 영동고속도로를 거쳐 평택으로 들어서나 했더니 이내 45번 국도를 달린다. 나는 뒷좌석에 깊숙이 앉아 창밖을 보았다. 벗은 나무들이 마치 죽은 듯이 보인다. 나무는 굵은 가지와 가는 가지를 그대로 드러내고 찬바람 속에서 치장하지 않은 본연의 모습을 가감 없이 보여 준다. 하늘을 우러러 겹치지 않게 뻗은 가지들이 질서 정연하다. '네 가지도 빛을 받으렴, 나도 받자꾸나.' 팔 올려 하느님을 찬양하며 너도, 나도 함께 살자는 서로의 배려를 보는 것 같아 나무들의 벗은 몸이 더 아름다웠다.

미리내 성지는 우리나라 최초의 신부인 김대건 성인이 처음 묻히신 곳이고, 다른 열여섯 분의 성인 묘소가 있는 곳이라고 한다. 성지라서 수도원, 수녀원도 몇 곳 있었다. 저녁을 먹은 후 본격적인 강의가 시작되었다. 학년말 업무로 쌓인 고단함과 식곤증이 신부님의 열강을 자장가로 만들까 싶어 강의 내용을 놓치지 않도록 안간힘을 썼다. 신부님의 열정은 약속된 강의 시간을 삼십 분이나 초과하였다. 늦어진 다음 시간은 유언 쓰기였다. 죽음을 염두에 둔 사람이 남기는 글이 유언서이니 '죽음 연습' 전에 유언 쓰기는 필수 코스인가.

수많은 연습이 있지만 '죽음 연습'이라니, 죽음에도 연습이 필요한 것일까. 연습이라면 많은 시간을 들여서 익숙해지도록 하는 것일 텐데, 죽음은 그 특성상 연습할 수 없으니 일회성이 아닌가. 죽음을 어떻게 맞아야 하는지 체험을 통해 알아보고 준비하자는 것일까. 이제 곧 죽음을 눈앞에 두고 있다 생각하고 유언을 쓰란다. 가끔 죽음을 생각해 보기도 하고, 조문을 가는 때도 있으며 연도도 자주 하러 갔지만, 그때마다 남의 죽음은 나의 참관의식이지 않았던가. 수녀님의 감성적인 분위기 조성이 효과적이었을까. 나는 '나의 죽음'을 앞에 둔 사람이 되었다.

이제까지 내가 사랑받는 일은 너무나 당연한 일이었다. 전기 스위치를 켜면 불이 들어오고, 수도꼭지를 돌리면 물이 나오듯이 내 주위 사람은 좋은 사람들인 것이 마땅하며, 학생들은 나를 좋아하는 것이 옳았다. 날이 갈수록 아이들이 자라듯, 봉급은 오르는 것이 맞고, 집은 더 커져야 하며, 해가 갈수록 인격은 다듬어져야 하는 것까지도 으레 그래야 하는 일이었다. 나의 오만함은 무엇에 근거한 모래성이었을까. 이런저런 잘못과 편견에 터 잡았던 당당함이 머리를 들 수 없게 만들었다. 내가 받은 사랑은 나의 공이 아닌 은총이었고 내 주변 사람들의 선의와 의지 때문이었다. 내게 눈물이 그리 많았던가. 나는 창피할 정도로 눈물을 쏟으며 유언을 썼다. 가족에게, 친척에게 보잘것없는 나를 대접하고 생각해 준 것에 대해서 감사의 말씀을 써 내려갔다. 쓸 이야기가 많이 남았는데 수녀님은 저승사자인가, 어서 그만 따라나서란다.

나는 마저 쓰고 싶었다. 그만두면 이 느낌을 살려 내기가 어려울 것 같았고 그보다 하던 일을 중도에 그만두고 싶지 않았다. 그러나 일어서야 했다. 우리는 좀 더 큰 방으로 갔다. 병풍이 방 가운데 세워져 있고 병풍 앞에 예수님의 영정이 있었다. 그 영정은 어느새 나의 영정이 되었다. 내 사진을 앞에 둔 죽음 체험이 두려웠을까. 영정에 고정된 눈은 커지고, 손이 꽉 쥐어졌다. 관 속에는 죽어야만 들어가는 줄 알았다. 나는 병풍 뒤에 있는 관에 누웠다. 죽음은 이런 것인가. 좁은 곳에 누우니 아늑했고 긴장이 풀렸다. '무거운 짐을 진 자'가 되어 있는 토요일 밤, 12시가 넘도록 강의를 듣고 눈물 콧물 닦아가며 유서를 쓰다 불려 온 탓일까. 뻐근한 등이 바닥에 닿으니 철없는 몸은 우선 편하기만 했다.

수사님들은 관 뚜껑을 닫고 못을 박았다. 못이 박히고 어둠 속에 남겨지는 순간 세상과 두절되었다. '죽으면 육신은 편안하겠네, 영혼도 편안할 수 있을까.' 영혼에 생각이 꽂히자 갑자기 머릿속이 바빠졌다. 반성할 일을 더 찾아야 했다. 유서를 쓰는 동안 가족과 친척, 친구들을 다 떠올렸는데 내가 가르쳐 온 수많은 아이들과 동료들은 떠올리지 못했기에 이런 일이 생겼나. 되돌아보는데 관 뚜껑이 열리고 수사님은 내게 촛불을 주었다. "부활하셨습니다." 못다 한 성찰은 다음으로 미뤄야 하나. 죽음은 이처럼 오나 보다. 내가 해야 할 일을 못다 했으니 갈 수 없다고 우길 수 있는 것이 아니다. 유언을 쓰다가 갑자기 일으켜 세워지고 체험 방에 따라갔듯이, 어느 날 하던 일을 멈추고 천사를 따라

이승을 떠나는 것이다.

　죽음은 바로 나의 생명이 영위하는 삶 가운데에 있었는데 나와는 관계없는 일처럼 무심했다. 죽음을 앞당겨 보다가 나는 그동안 과분하게 받아 온 사랑에 빚진 자임을 알았다. 세상에 진 부채도 모르고 자신의 부족함에도 눈 닫고 살아온 내 모습이 크게 다가온다. 죽음과 함께 살기 위해 어떻게 해야 할까. 봄이 되면 다시 부활하는 나무처럼 매일 저녁 죽음을 맞고, 매일 아침 부활해야 할까. 일회성이 아니어야 할 '죽음 연습'이 나를 왜소하게, 초라하게, 고개 숙이게 한다.

　(1999년. 피정 일기)

내부 수리

대공사였다. 이 아파트로 이사한 후 뒷마당의 은행나무가 옷을 열 번이나 갈아입도록 하지 않던 집수리를 한 것이다. 구월 초, 신부님이 우리 집에서 주무시게 되었을 때 어두워진 벽지부터 마음에 걸렸다. 평생에 한 번 있을까 말까 한 축복의 기회인데 주눅부터 들다니, 준비되지 않은 삶 같아서 면구스러웠다.

오래된 아파트, 이 건물도 사십 년이 족히 되니 앞뜰의 낙우송이 한 아름이 넘고 칠팔 층 건물보다 높다. 먼저 주인이 이십 년 넘게 사시던 낡은 집을 수리해 들어 왔다. 가구들이 한 번 자리 잡고 나면 살면서 보수하는 일이 쉽지 않았다. 몇 차례 계획을 세우다가 이사 수준까지 가야 하는 일이 번거로워 우선순위에서 밀렸는데 이번에는 달라야 했다. 처음에는 도배나 하고 칠이나 하자고 시작한 일이었다.

'시작은 미미한데 결과는 창대하였다.'라는 말이 집수리에도 해당하는가. 언제 수리를 다시 하랴 싶어 내친김에 부엌 벽을 일부 헐어내어 뒤 베란다까지 부엌을 넓히기로 했다. 멀쩡한 마루를 바꾸느라 비용은 물론이고 공사 기간까지 늘어 시월 한 달 중 스무 날이나 딸네 집에서 신세를 지며 공사를 마쳤다.

 컨테이너에 맡겨 두었던 짐을 찾아와 물건을 정리하는데 이사한 것과 똑같다. 살림살이는 왜 그리 많은 걸까. 비교적 단출한 살림살이라고 생각하며 살아왔는데 꺼내 놓고 보니 온종일 정리해도 끝이 안 난다. 실어 나갈 때는 많은 줄 몰랐는데 이사 도우미의 손까지 빌렸는데도 쉽지 않았다. 제자리를 찾지 못한 살림 도구를 도우미들은 대충 넣으며 어서 일을 마치기를 바라는 것 같더니 아끼는 집기를 깨뜨리는 실수도 한다. 내 살림은 내가 정리해야지 무엇이 어디 있는지 쉽게 찾아 쓰지 않을까. 시계에 눈이 가는 도우미들을 보내고 나 혼자 정리를 하였다. 버릴 물건들을 골라내려니 그냥 넣는 것보다 시간이 더 걸렸다. 내놓았다가 이왕 온 것, 쓸 때가 있을 것 같아 다시 들여오게도 되었다. 버릴 것은 미리 버리고 짐을 실어야 했던가.

 꼬박 이틀간의 정리를 마치고 식탁에 앉아 차를 즐긴다. 넓혀 놓은 주방이 환하다. 창 너머로 눈부시게 노란 은행나무 잎이 한눈에 들어온다. 노랗거나 붉은 색으로 곱게 물든

벚나무와 다른 것보다 유난히 색이 고운 플라타너스의 주황색 잎에도 눈이 끌린다. 뒤뜰의 나무가 있는 풍경이 빼어나게 아름답다는 사실을 새삼 느낀다. 그동안은 거실 앞만 보고 살았던가. 부엌을 넓히고 거실 뒤쪽 창도 키우고 보니 멋진 숲이 다가와 가을 속에 나를 앉혔다. 나뭇잎들은 수런거리며 여행계획을 세우고 있나 보다. 조용조용 속삭이다가도 고개를 절레절레 흔들기도 한다.

가을이 깊어가도록 밝아진 창가에서 시간을 많이 보낸다. 나무들은 입었던 옷을 모두 벗어 버리고 알몸이 되어 간다. 가지 끝에 몇 개의 이파리들이 남아서 그네를 타고 있는 것도 있다. 나목들은 모든 것을 끌어안고 사는 나에게 길고 긴 이야기를 건네고 있다. 작열하는 태양을 가려주기 위해 봄부터 잎을 내고 싹을 키우더니 무성한 푸른 잎으로 매미를 품어 주고 시끄러운 주변 소리도 부드럽게 줄여 주었다. 황홀한 색 잔치를 벌이더니 햇볕이 필요한 겨울을 위해, 살을 에는 추위를 이기기 위해 잎을 떨군다. 찬바람, 눈 속에서 의연히 다음의 잎을, 봄을 기다리겠지.

현명한 나무들이지만 제 뜻대로 다 되는 세상인가. 여름을 위해 잎을 내려 해도 잎을 못 내고 죽는 가지도 있다. 겨울이 되어 잎을 다 떨어내려 해도 봄까지 매달려 속을 썩이는 놈도 있다. 나무도 그런 때는 인내한다. 돋지 않는 가지는 새잎으로 덮어 주고, 겨우내 매달려 있는 잎은 찬바람과 함께 통곡하며 끌어안고 같이 겨울을 난다. 세월이 약이고 이 또한 다 지나간다고 했나. 길게만 느껴지던 수리 기간도 끝나고, 가을이 가고 겨울이 오고 있다. 결국은 다 지나갈 시간인데 필요 이상으로 겁내고 주저했던 일이 우스워진다. 시간이 더 흐르면 아무 일 없었던 듯이, 늘 그래왔던 것처럼 평상으로 돌아갈 텐데.

사람의 일이란, 세상의 일이란 마음먹은 대로 다 이루어지지 않는다. 때로는 뜻하지 않은 일이 벌어지기도 하고 소망했던 일이 빗나가기도 한다. 하나하나 채우려 했던 지난 세월의 피곤이 밀려온다. 집에는 무엇 무엇이 있어야 하니 준비해야 하고, 애지중지 껴안고 살았다. 집기가 있든 없든 그게 그렇게 중요한 일이던가. 더러는 버리고 더러는 다시 구하며 살면 되지 않았을까. 공사는 내 의식을 바꾸는 작업이기도 했다. 오늘도 나는 비워서 생긴 여유를 즐기며 지난 세월을 걸러낸다.

(2011년)

어머니를 추모하며

하루 일과를 마치고 피곤한 시간임에도 휴식의 시간을 미룬 채 저의 어머니를 기억해 주시기 위해 이 자리에 함께하신 내빈 여러분께 깊이 감사드립니다.

저희 어머니는 일제 강점기에 태어나셔서 어려운 시기였지만 외할머니의 지극한 사랑을 받으며 오빠와 의좋은 남매로 자라셨습니다. 갑작스러운 의료사고로 외할아버지를 일찍 여의니 식구가 적어 오랫동안 데리고 있다 느지막이 시집보내려 했답니다. 외할머니의 바람과 달리 일제의 처녀공출을 피해, 해방 일 년 전 열아홉에 시집을 오셨습니다. 시부모에 시동생 일곱인 맏며느리. 일하시는 아저씨 둘, 많은 식구로 일은 넘치고도 넘쳤습니다. 직장을 따라 타관에 계신 아버지와 함께 사신다는 건 생각도 못 해 보셨다 합니다. 한국전쟁으로 스물여섯에 남편인 제 아버지를 잃으셨는데 여기 계신 큰오빠와 한국에서 장례 준비를 하는 작은오빠와 저, 삼 남매를 두셨습니다. 저는 아버지를 본 적이 없는 딸이었지요. 어머니는 친정에 가서도 이틀을 못 주무시고 오셔야 했는데 인물 좋은 며느리가 재가라도 할까 봐 노심초사하신 할머니 때문이었습니다. 어머니는 아빠 없는 애들에게 엄마마저 없는 아이들을 만들지 않으려고 이미 굳게 결심하시고 옆도 뒤도 돌아보지 않으셨다는데 두 분의 의사소통이 그 부분에선 금기사항이었나 봅니다.

어머니께 언제 힘드셨냐고 여쭌 적이 있습니다. 시부모 모시기, 많은 식구 건사하기, 힘든 농사일이 아니었습니다. "너희들 힘으로 내가 살았던가 보더라. 고등학교 간다고 서울로 하나씩 가 버리고, 너마저 가고 나니 살 수가 없더라. 집에 있으면 울렁증이 나서 논으로 밭으로 돌다가 오곤 했더니라. 남들이 보면 실성했다고 할까 봐 빈 바구니 들고." 그 말씀을 하실 때마다 목소리에 물기가 묻어나셨습니다. 엄마가 그런 힘든 시절을 보내시는 줄도 모르고 저는 새 생활에 적응하느라 집 생각은 집에 돌아오는 버스 안에서나 가끔 했었던 것 같습니다. 편지를 자주 하셨음에도 너희들 없어 힘들다는 말씀은 전혀 안 하셨지요. 또 육십 년대, 온 나라가 힘들 때 큰 농사를 지었는데도 불구하고 살림이 어려워 작은아버지께 학비를 의존했던 일이 어머니를 마음 아프게 하셨습니다.

여러분께서는 제 어머니의 허리가 구부러진 모습만을 보셨지요. 원래 저희 어머니는 키가 매우 크신 분이었습니다. 농사로 맏며느리 역할로 허리가 아프셨던 어머니를 칠십 년대 중반에 수술해 드렸습니다. 지금도 안타깝게 생각하는 것은 완전히 좋아질 때까지 모셨어야 했는데 할머니 낙상하셨다고 두 달 만에 내려가시는 걸 말리지 못했던 것입니다. 거동 불편한 할머니를 일으키고 눕히고, 뇌졸중으로 쓰러지신 할아버지 삼 년간 수발하시다가 구부러져 버린 어머니 허리는 두 번의 효부상과 함께 등으로 받은 훈장입니다. 동갑이셨던 조부모님은 할아버지 일흔아홉, 할머니 여든넷에 가시고, 마흔한 해의 시부모 모시기는 어머니 쉰아홉에 끝나셨습니다. 그동안 '남편 없는 당신이 왜 시부모님을 모시느냐, 많은 형제들이 돌아가면서 모시지 그러느냐.'는 말씀을 숱하게 들으셨지만 오직 내 몫이려니 하셨답니다.

조부모님 가신 뒤엔 이틀밖에 못 주무시던 친정 나들이도 쉬워져서 외할머니도 자주 뵙고, 저희들과 함께 여행도 가고 회갑 잔치도 하면서 저랑 사셨지요. 지금의 어머니 연세와 같으신 여든아홉에 외할머니 가시고, 예순넷에 미국에 오셨습니다. 어머니는 할아버지 돌아가시고 의지한 사람이 큰오빠였습니다. 외롭게 두 분만 시골에 계시지 말고 서울에서 사시라니까 큰살림 부랴부랴 처분하고 서울로 왔다가, 칠 년 후, 미국으로 오시라니까 88 서울올림픽 다음 해에 이곳 미국의 오빠 집으로 오셨습니다.

그로부터 이십오 년은 여러분과 함께 미국에서 사셨습니다. 처음에는 향수병을 얻으셨는지 오빠 언니를 당황케 하고, 교회의 여러분들께 걱정도 드렸습니다. 피골이 상접할 정도로 마르셨던 분이 그 후 이십 년 동안 스무 차례, 해마다 태평양을 건너신 것은 오빠 언니의 공이지요. 어머니가 한국에 오시면 모든 일가친척들이 인사를 왔습니다. 아마도 그 즐거움이 오랜 비행시간을 견디게 했을까요. 그리고 2010년부터는 저희가 와서 뵈었습니다. 그리고 그해 겨울부터 요양원에 계시면서 마지막 이 년, 고향을 그리워하셨습니다. 작년 봄에 퇴직한 제가 석 달 가까이 있으면서 매일 밤 어머니의 저녁 식사를 마치고 동화나 옛날이야기를 들려 드렸습니다. 동요도, 민요도, 가요도 함께 불렀습니다. "이제 집에 가자."라는 말씀을 하시기 전에 얼른 시작했지요.

어느 날 어머니가 애국가를 부르고 싶어 하신다는 것을 알고 목이 메었습니다. 어머니와 저는 매일 4절까지 불렀지요. 이국의 요양원에서 가만가만 부른 애국가, 어머니의 망향가이었습니다. 어느 날은 초등학교 졸업식 노래를 불렀더니 인생 졸업가로 생각되었습니다. 어머니 편찮으시고 해마다 오던 이곳을 올여름엔 못 왔습니다. 올봄 손녀가 생겼고 산모도 돌보느라 어머니는 제 우선순위에서 밀렸습니다. 겨울에 오겠다고 미뤘는데 어머니는 기다려 주지 않으셨습니다. 어머니께는 더 잘해 드릴 시간이 없고, 애들은 만회할 시간이 충분한데 왜 그리 못 하였을까요. 내리사랑이라더니 그 때문이었을까요.

어려서 제가 본 어머니는 노상 밥상을 차리는 분이었습니다. 대식구 먹이는 일도 벅차셨을 텐데 동네 이웃분들은 물론, 하다못해 밥때에 온 걸인들에게까지도 상을 차려내셨습니다. 밥 잘 주기로 걸인들 세계에 소문이 나 있었을까요. 할머니는 이웃분들이 오시기만 하면 '아가, 국 남았냐, 밥 좀 내오너라.' 어려서부터 봐 온 늘 있는 일이라 제게는 이상한 일이 아니어서 묻지도 않던 일이었습니다. 서울서 시집오신 작은어머니가 왜 동네 분들이 식사 때쯤 오시는지 여쭌 적이 있습니다. 할머니가 '자기 식구들에게 밥 주고 부족할 때에 오는 것'이라고 하셨습니다. 남 먹이는 일이라면 첫째가는 할머니께서 저희 어머니가 식구 적은 집에서 자랐는데도 음식을 넉넉히 하여 언제나, 누구에게나 나눠 줄 수 있어서 좋았다고 하셨습니다. 어머니도 남에게 음식을 주기 좋아하셨지만 아기 서는 추운 겨울에 찬바람 드는 부엌에 나가 불 때서 국, 밥 덥혀 상 내오는 일은 정말 힘들었다고 하시더군요. 요즘처럼 따뜻한 옷도 적던 시절, 겨울 고생을 말씀하셨습니다. 제가 어머니를 닮았나, 입덧이 없는 대신 겨울에 추워하고 여름에 아이를 낳아서 말씀하신 것이었지요.

어머니는 음식을 넉넉히 하는 일뿐 아니라 잔치 음식을

맛있게 보기 좋게 잘하셨나 봅니다. 동네의 잔칫집에서는 우리 어머니를 모셔가서 상객의 반찬을 부탁했다 들었습니다. 주전부리가 흔하지 않던 시절, 어린 우리들이 뭔가 먹고 싶다 하면 찐빵이니 고구마팥범벅, 솥떡, 부침개, 수수부꾸미, 매작과, 한과 등 시간과 재료 사정에 따라 다양한 간식거리를 만들어 주셨습니다. 우리들은 솜씨 좋은 엄마 덕택에 맛있는 것 잘 먹고 즐거울 수 있었습니다. 어른을 모셨기에 어느 한 끼 대충 상보는 일 없이 새 반찬을 매일 만드셨던 일은 제가 좀 크고 나서야 알아볼 수 있었던 일입니다.

우리 어머니는 바느질 솜씨가 뛰어나셨습니다. 동네 어른들의 두루마기 같은 대형 한복은 물론 삼촌들의 양복까지 다 지어 입히셨다 하셨습니다. 시장에 가서 처음 나온 나일론 원피스, 블라우스를 보고 오시면 제게 만들어 입히셨습니다. 동네 분들의 바느질을 도맡아 해 주시고 그 품삯을 농사일로 받으셨지요. 기성복 시대가 될 때까지 재봉틀 돌리시느라 잠이 모자라셨습니다.

어머니 손은 생명을 살리시는 손이었나 봅니다. 집에서는 강아지만 빼고 온갖 가축이 다 있어 어머니 손을 바쁘게 했지요. 제가 중학생 때 닭이 모이를 많이 먹고 버르적거리자 배를 째고 모래집을 털어 내고 꿰매어 약 발라 덮어 놓고 회생시키는 일을 두 번이나 하셨습니다. 제가 중3 여름방학 때는 셋째 숙모가 첫 아이를 집에서 낳으셨습니다. 난산이어서 아기 목이 걸려 꺼멓게 다 죽어가자 깜짝 놀란 어머니가 의사처럼 살을 째고 손 넣고 빼내어 기적처럼 살려내신 일도 있었습니다. 생선 가시가 목에 걸려 입도 못 다물고 침 흘리며 나 죽는다는 사람 가시 빼내 주고, 뼈다귀가 입에 걸려 다 죽어가는 이웃집 강아지도 살려 주셨지요. 중풍으로 쓰러지신 할아버지를 삼 년이나 간호하셨고 낙상 후 걷지 않으시는 할머니를 십수 년 잘 돌보신 것은 효성뿐만 아니라 생명을 아끼고 판단이 빠르고 용기 있는 분이었기에 하실 수 있었다고 생각합니다.

어머니는 맏며느리이어서 힘이 들기도 했지만 어머니만큼 시동생들에게 사랑받으신 분은 드물 것입니다. 고모, 숙부들 숙모들까지 어머니 모시듯 사랑하고 존경하고 뜻을 받들어 주셨습니다. 비슷비슷한 체격들의 삼촌들이 아버지 옷이나 양말을 마음대로 갖다 입어도 그러려니 했기에 집안을 화목하게 하셨다 하고요, 여러 동서들을 편애 없이 잘 대하셨습니다. 어머니는 좋은 점 칭찬해 주시고 항상 웃는 얼굴을 보여 주셨습니다. 두 아들 며느리 또한 좋은 점만, 잘하는 점만 말씀하셨습니다. 하나밖에 없는 딸인 저에게 오빠나 언니의 섭섭한 점을 말씀하실 법도 한데 한 말씀도 안 하셨습니다. 그래서 부족한 이 딸의 흉도 덮어 주셨으리라 생각합니다.

제 어머니는 자존심이 강하셨습니다. 누가 어머니보고 남편 없이 힘들게 산다고 불쌍하다고 하면 가장 싫어하셨습니다. 사랑받는 며느리셨고, 형수였고, 맏동서였으며 올케였습니다. 사랑받는 엄마였고, 큰엄마였고, 할머니였습니다. 동네에서는 의논 상대이셨고요. 당신의 의무를 소홀함 없이 치르신 책임감 강한, 부지런한 분이셨습니다. 몸가짐에 흐트러짐이 없으니 동네의 어른들도 모두 어려워하고 깍듯이 대해 드렸습니다. 사랑받고 사랑을 주며 감사하는 일생이셨습니다. 공부 잘하고 말썽 없이 커 주는 자식들이 고마웠다고 하셨지요. 공부할 수만 있으면 된 거라고 어려운 시기를 인내하도록 우리들을 다독이셨습니다. 어머니 본인도 바르게 살아 내셨을 뿐 아니라 자녀들도 올바로 키워 제 몫을 하도록 세상에 내놓으셨으니 우리 어머니의 삶은 올바른 삶이었다 할 수 있지 않을까요. 먼저 가신 아버지를 만나신다면 매우 당당하실 겁니다. '당신 몫까지 나 혼자 다 잘했노라.' 하시면서요.

저희 어머니는 글쓰기를 좋아하셨나 봅니다. 서울로, 군대로, 미국으로 간 저희들에게, 편지를 자주 쓰셨지요. 언젠가는 당신의 삶을 글로 쓰셨다고 꽤 두꺼운 공책에 가득 쓰신 것을 제게 주시더군요. '책 한 권으로 내 얘기를 다 쓸 수 없지만 줄여서 썼다.' 하시면서 언제고 엄마의 얘기를 책으로 내 달라 하시더군요. 어머니가 제게 주신 숙제가 되었습니다. 남녀 가리지 않고 마음껏 공부하는 시대에 태어났더라면 나도 공부하기 좋아하니 더 많이 공부했을 것이라고 하시던 어머니. 격동의 시기에 태어나셔서 못 볼 것도 많이 봤다 하시던 어머니. 어머니는 어린 저희들을 아프게 하지 않으셨습니다. 한국전쟁 때 마을 사람들을 모아 놓고 무자비하게 매를 치던 광경을 보셨던 어머니는 일생을 매 한 번 안 드셨지요. 아주 오래전 학교에 체벌이 있던 시절, 애들이 손바닥을 맞는 경우도 있다 했더니 옛일이 생각나셨나, 슬픈 얼굴과 목소리로 '그건 안 된다, 그건 안 된다. 온갖 중요한 신경이 다 있는 손을 때리다니 안 된다.' 하시더군요.

어머니, 한국의 손자 손녀들이 할머니를 얼마나 그리워하는지 몇 년간 못 뵈다 가셔서 매우 슬퍼한답니다. 어머니, 존경하고 사랑합니다. 어머니처럼 부지런히 대소 친척 간에 우애 있게, 사랑하며 잘못을 덮어 주며 살겠습니다. 사랑하고 존경하는 어머니, 이제 생전에 모셔다드리지 못한 고향에도 가시고 아버지뿐만 아니라 먼저 가신 모든 어른들 반갑게 만나세요. 어머니, 그러면 안녕히 가세요.

저희 어머니의 고별식에 참석하신 여러분, 이 고마움 잊지 않겠습니다. 하느님의 축복이 여러분 가정에 함께하시기를 기도하겠습니다. 고맙습니다. 안녕히 가십시오.

(2014년 11월 미국의 장례식에서)

존경하는 교장 선생님께

　교장 선생님, 저는 선생님과 함께 근무하는 동안 참 행복했습니다. 또 많은 것을 배웠습니다. 드러내 알려 드리고 싶은 이야기가 많지만 지면 제약으로 몇 가지만 말씀드릴 수 있음이 안타깝습니다.

　교장 선생님께서는 늘 밝고 따뜻하셨습니다. 아이들에게나 선생님들께 큰 소리로 인사하고 반갑게 받아 주는 것을 뵐 때마다 덩달아 즐거워졌습니다. 귀여우신 동안(童顔), 가지런한 이로 활짝 웃는 모습이 무척 매력적이셨어요. 철없는 아이들의 예상 밖 행동으로 교사가 잠깐 웃음을 잊었을 때도 선생님의 미소를 보고 얼른 평정심을 되찾을 수 있었답니다. 마음이 따뜻하니 칭찬도 잘하셨습니다. 훌륭한 교육자답게 칭찬거리를 잘 찾아내고, 잘하는 면만 말씀하여 듣는 사람의 기분을 우쭐하게 해 주었습니다. 선생님께 꾸

중을 들었다는 이야기는 누구에게서도 못 들었습니다. 잘못한 것을 알고 있는 사람에게는 꾸중이 필요 없는 것이라고 배우도록 하셨지요.

교장 선생님께서는 참 부지런하십니다. 이른 새벽, 배드민턴으로 하루를 활기차게 여시지요. 우리 학교의 홈페이지에 실린 글은 대부분 선생님의 글이고, 아이들의 시시콜콜한 질문까지 모두 답해 주었습니다. 학교의 교육 활동 기록을 제작하고, 쉽게 열람할 수 있게 해 놓았습니다. '이렇게 교육해 주세요.'라는 말씀 대신에 마련한 글과 음악으로 지친 선생님들의 감성을 다독였지요. 좋은 글과 노래가 있는, 휴식 같은 종례 시간이 참 좋았습니다. 부지런하시니 잘하는 게 많을까요. 운동을 잘하니 민첩하여 언제든 줄넘기나 뜀박질로 아이들과 함께하고, 음악을 즐기니 가는 곳마다 노래가 따라다녔습니다. 교장 선생님이 주는 벌도 노래 부르기이니 선생님께 보내는 가장 큰 벌은 아이들이 가장 좋아하는 벌이 되었습니다. 가볍게 흥얼거리는 노래는 선생님의 화창한 마음 상태를 보여 주는 것이었고, 그것은 곧 즐거운 학교로 이어졌습니다. 한 기관의 분위기는 맨 윗분이 만든다는 것을 잘 배운 시절이었지요.

교장 선생님께서는 어린이들에게 좋은 것을 다 해 주셨습니다. 운동회나 학예회는 물론이고 꿈동이동요제, 가족동요제, 작품발표회, 지혜의 퀴즈, 각종 대회 등의 교육 활동에서 우리 어린이들은 마음껏 꿈을 펼쳤습니다. 깊은 역사를 가진 만큼 일도 많다며 보수해야 할 곳, 새로 만들어야 할 것을 찾아내셨습니다. 복도가 없는 열린 교실을 아늑한 교실로 바꾸고, 소담채를 완성해 주니 나르고 나누는 번거로운 일들이 사라져 즐거운 식사 시간이 되었습니다. 주어진 예산 안에서 가장 좋은 과학실을 만들고자 여러 학교의 과학실을 직접 보러 다니고, 교장 선생님의 아이디어를 더해 첨단의 과학실을 만들었습니다. 전체 선생님들의 의견을 모아 이상적인 체육 자료실을 만들고, 거기에 갖가지 현대적인 자료들을 갖춰 쉽고 재미난 체육 수업을 할 수 있도록 해 주었습니다. 자료 준비가 쉬워지니 체육 수업은 언제나 즐거울 수 있었습니다. 이런 많은 일에는 큰 예산이 필요함에 구청으로 교육청으로 자금을 얻기 위해 동분서주하였고 또 얻어 오기도 잘하셨으니 그 혜택은 전교생과 선생님들이 누렸다고 할까요.

교장 선생님께서는 늘 솔선수범하셨습니다. 언제 어디서든 손이 필요한 데에 오시어 손수 들고, 끌고, 챙겼습니다. '교장 선생님, 다 준비되었습니다.' 하고 모셔 오는 게 아니라 먼저 와서 도와주셨지요. 지혜와 경험이 많은 교장 선생님의 거듦은 맡은 일 수행에 크나큰 지원이었습니다. 권위란 아랫사람이 윗사람을 받들어 모시려고 해서 지켜지는 게 아니라, 윗사람이 아랫사람을 돕고자 하는 데서 세워진다는 것을 깨달았다고 할까요. 다른 사람을 행복하게 하는 사람이 훌륭한 사람이라고 들었습니다. 한 사람을 행복하게 하는 것보다는 열 사람, 열 사람보다는 백 사람을 행복하게 하는 사람이 더 훌륭하다고 하겠지요. 현재의 우리 학교 학생과 교직원, 그들의 가족, 지금껏 가르쳐 온 제자들과 동료들이 모두 교장 선생님을 사랑합니다. 사랑은 내가 남을 행복하게 해줄 때 받는 것이 아닐까요. 교장 선생님의 정년퇴임을 막아 보려는 부형들의 노력이 증명합니다. 더 오래 모시고 싶은 교장 선생님! 40여 성상 온 마음과 힘을 다해 바친 교육에 대한 열정과 성과, 수많은 사람을 행복하게 해주신 데 대해 우리 후배 교사들은 아낌없는 존경과 찬사의 박수를 보내 드립니다.

교장 선생님께서는 이제 새 삶을 시작하십니다. 지금껏 교육만을 위해 살아왔으니 이제 선생님을 돌보셔야겠지요. 여행도 하고, 쉬고 싶을 때 그리하셔요. 그리고 뒤따를 저희 후배들에게 학교 밖 세상일도 가르쳐 주십시오. 퇴임 후에도 왕성한 활동과 더 넓은 사회에서 선생님의 진가와 능력을 더 크게 발휘할 것을 믿습니다. 교육에 큰 발자취를 남기고, 새로운 삶에 대한 계획으로 부풀어 계실 이재중 교장 선생님! 부럽습니다. 사랑하고 존경합니다. 그리고 감사드립니다. 퇴임 후에도 지금처럼 늘 건강하시기 바랍니다. 아쉽지만 할 수 없이 보내드립니다. 안녕히 가십시오.

(2008년 8월 31일)

3박 5일의 선물

　초가을, 뜻밖에 여행 기회가 생겼다. 큰아주버님께서 팔월 말로 정년 퇴임을 하시더니 가족 여행을 보내 주신 것이다. 이름 붙여 '퇴임 기념 가족 여행'이다. 그런데 퇴임의 주인공은 빠지고 보필을 잘해 주신 형님의 원대로 시누이 셋, 동서 셋이 여행의 주인공이 되었다. 날짜는 출근하는 나의 편의대로 잡으라고 하셔서 토요휴업일에 이어 개교기념일인 월요일까지 옹글게 3일을 확보하여 9월 말의 금요일 늦은 오후, 북경행 비행기에 올랐다.

　시누올케끼리 돌아가며 자기로 하여 첫날 저녁에는 막내인 나와 막내 시누님, 둘째 날엔 둘째 시누님과 셋째 날엔 첫째 시누님과 같은 방을 쓰게 된단다. 첫날 나는 막내 시누님과 짐을 풀고 큰형님들 방에 가서 이야기꽃을 피웠다. 먼저 이런 멋진 기회를 만든 우리 맏동서 큰형님께 모두들 칭찬하시니 "나이가 들수록 형제가 좋아요, 편하고요. 이제 더 자주자주 움직이자고요." "다음 기회엔 남자들도 끼워주는 해외여행을 합시다."라고 하며 삼 년 전 여름방학에도 여자들만 금강산 여행을 다녀온 미안한 마음을 나누었다.

　우리 여행팀 14명은 젊은 아빠가 두 아이와 조카를 데려와서 초등생이 셋 끼인 4인 팀, 노부부 1팀, 중년 부부 1팀, 우리 시누올케 6인 팀으로 10살부터 70대 후반까지 광범위한 연령대이었다. 가이드는 연변이 고향이라는 화학 전공의 나이 든 조선족 꾸냥이었다. 여행을 다녀도 우리 같은 시누와 올케 구성은 처음 본다는 부러운 시선에 도타운 형제애를 살그머니 들춰 드리기도 하였다. 한나절이 좀 지나자 어느새 우리 모두는 내 가족, 네 가족이 없게 되었다. 우리가 산 맛있는 중국의 대추를 모든 차 안 사람이 다 나눠 먹고, 다른 이가 산 리치가 한 개 한 개 다 돌아오고. 처음엔 6명, 4명, 2명 2명의 각 가족이었지만 나중엔 14명이 모두 한 가족이었다. 아침 식사하러 호텔 식당에 모이면 서로들 잘 잤느냐 인사 나누며 반가워했고 차에 오르고 내릴 때마다 다정한 대화들로 기분 좋았다. 가이드는 우리를 아침 일찍 일어나게 하였지만 차에서 졸지언정 늦는 사람도 없고, 초등생 셋은 모든 어른들에게 어쩌면 저렇게 아빠를 힘들게 하지 않고 순량하게 잘들 다니느냐고 칭찬과 챙김을 받았다. 사람이 적으니 내리고 타고 모이는 일이 쉬워서 시간도 절약되었다.

십여 년 전의 북경은 대도시 같다는 생각이 들지 않았는데 그사이 거대한 빌딩, 고층아파트가 많이 들어찼다. 상해는 예쁘고 특이한 건물이 많아 흥미로웠는데 북경은 아름다운 건축물에서는 상해보다 뒤지는 것 같았다. 베이징 올림픽이 끝난 지 얼마 되지 않았기에 천안문 광장의 One Dream One World를 쓴 꽃장식도 싱싱하였고, 게다가 자금성이나 이화원의 단청이 손님맞이 단장을 하여 매우 산뜻하였다. 그러나 모든 단청을 칠한 건 아니어서 퇴락한 단청과 새것과의 차이가 크게 드러났는데 단청의 페인트는 한국산일 거라는 가이드 말에 잠시 모두 으쓱했다.

용경협

베이징 여행에서 빼놓지 않는다는 용경협에 다시 갔다. 용경협의 이름은 협곡이 용의 모양을 닮은 데서 붙은 이름이라 한다. 높은 봉우리들로 쌓인 협곡 끝자락에 댐을 쌓아 인공호수를 만들었다. 산 비탈길에 에스컬레이터를 놓고 그 위에 용의 형상을 한 조형물로 지붕을 만들어 덮으니 산을 기어오르는 용의 모습이다. 그 덕에 오래 걷기 힘든 큰시누님도 쉽게 가실 수 있어 좋았다. 에스컬레이터 길이가 매우 길어서 제작비가 수월치 않아 보인다. 용경협이니 용 모양의 통 속에 넣은 에스컬레이터가 제격이다. 여름의 용경협은 더위에 지친 여행객에게 시원함을 선사하며 수직에 가까운 절벽 곳곳에 원추리 나리꽃들까지 꽂아 놓고 환영해 주었다. 더위에 늘어졌던 몸이 절경을 보며 7㎞의 구간을 유람선으로 이동하는 동안 서늘한 기운으로 생기를 찾아 팽팽해졌었다. 이번에는 구월 말이니 시원함을 찾는 때도 아니며 가을꽃도 찾기 어렵고 단풍이 들지도 않았지만 구불구불 두 줄로 나누어 서서 물길 속에 발 담고 있는 거대한 봉우리들은 여전히 볼만하였다. 그렇지만 높은 봉우리에 가려 햇빛도 잘 들지 않는 협곡 유람선은 아무래도 여름 관광에 더 어울린다. 추위 때문인지 십일월 중순까지만 유람선을 타는 관광을 할 수 있다 한다. 가을에 가는 사람은 따뜻한 옷을 꼭 챙겨야 할 것 같다. 뱃놀이 중에 협곡의 넓은 구간을 공중에 맨 줄 위로 오토바이를 타고 지나가는 묘기를 보았다. 동아줄 하나 매 놓고 오토바이로 건널 생각을 하는 것을 보면 나라가 크고 인구가 많으니 별난 사람도 나오는가. 그 또한 용경협 관광 중의 하나이었던 것 같다.

중국인의 접대

용경협을 나와 전통가옥 방문에 이어 재래시장에 갔다. 쌓여 있는 농산물들이 우리 농산물과 크게 다르지 않았으나 주먹처럼 둥근 가지와 무처럼 길쭉한 배추, 고구마만큼 큰 생강이 우리 것과 달라 한 번 더 돌아보게 되었다. 중국 시장에서 제일 사고 싶은 것이 대추였는데 달고 아삭하고 싱싱하여 '대추 보고 안 먹으면 늙는다.'는 옛말은 대추의 이로운 성분 이전에 이렇게 맛있어서 생긴 말인가 싶었다. 가지고 갈 수 없으니 배 속에 넣어 가자면서 저녁 식사 생각이 안 날 만큼 대추를 배불리 먹었다. 다음에 대추만 보면 북경의 대추 맛이 떠오를 것 같았다.

중국 현지 식당에 갈 때마다 음식이 많이 남아 가이드한테 음식을 좀 줄여서 내놓아야겠다고 했더니 우리 여섯 명 식탁도 다른 테이블과 같이 팔 인분을 주문해서 그렇단다. 그러면 많이 남아 버리게 되니 육 인분만 시켜 달라고 했더니 희한한 일이 생겼다. 우리 테이블엔 여섯 접시만 나오고 옆 테이블엔 여덟 접시의 요리가 차례로 나온 것이다. 팔 인분이면 여덟 사람이 먹을 만큼 나오고, 육 인분이면 음식의 가짓수는 같되 양이 줄어서 나와야 할 텐데 요리 접시만 두 개 줄어서 나온 것이다. 가이드 돈 아끼라고 배려했다가 더 맛있는 것 두 가지가 빠진 식사를 하게 되었다. 중국 음식은 뒤로 갈수록 더 고급 음식이 나오지 않는가. 참 이상한 식당들이다. 한 수 가르쳐 주라고 가이드에게 이야기했더니 가이드가 열심히 우리 뜻을 전해 주었지만 그리하려나. 음식을 남기지 않으려고 육 인분을 주문했는데도 왜 남는가 했더니 중국 사람들은 예부터 남은 음식이 많아야 잘 대접했다고 생각한단다. 인구도 많은 나라가 그런 접대문화를 고치지 않는다면 버려지는 음식이 얼마나 많을 것이며 앞으로도 지구 환경을 얼마나 오염시킬까. 국가 전체가 캠페인을 벌여서라도 음식 낭비를 줄여야 한다고 이야기하다가 우리나라에서도 아직 해결하지 못한 일을 남의 나라까지 걱정하는 건 오지랖 넓은 일이지 싶어 그만두었다. 그러나 14~16억의 인구가,

음식은 먹고 남게 내놓아야 한다는 생각을 가지고 있으면 어찌 될까. 인구 많은 중국부터 고쳐야 하리라. 서고동저의 지형으로 중국의 강들은 오염물질을 거의 우리의 서해에 쏟아 내고 있지 않은가.

만리장성

전에는 힘들게 걸어 올라간 만리장성을 케이블카로 오르는데 산이 온통 노랗다. 들국화였다. 그 향기가 산을 덮고 있을 텐데, 케이블카 속에 갇혀 쉽게 가는 대신 국화 향기를 잃었음이 아쉬웠다. 토요일 오후라서 만리장성은 더욱 붐비는데 온 인종이 다 있다. 땅이 넓고 역사가 길어 인구와 자원만 많은 게 아니라 둘러볼 곳까지 많다. 짧은 기간 동안 이렇게 잘살게 된 데는 관광자원 덕이 클 것 같다. 죽의 장막을 걷어 내고 세계를 향해 문을 활짝 여니 넓은 땅, 긴 역사와 발달하였던 문명을 자랑하는 중국에 세계 시민이 쏟아져 들어온다. 우리만 해도 대만과의 국교 대신 대국과의 국교가 더 이득이어서 중국과 수교를 맺은 뒤 중국 여행이 보편화되었지 않은가. 큰시누님은 다리가 불편하다면서 장성 끝에 앉아 둘러보는 구경을 하시는 동안 다섯 사람은 허락된 구간을 갔다 왔다. 멀리 눈이 닿는 곳까지 아스라하게 이어진 만리장성, 얼마나 많은 인력과 세월이 소요되었을까. 성능 좋은 기계도 없던 시절, 오로지 사람의 힘으로 이렇게나 긴 성을 쌓아 놓다니. 옛사람들의 수고 흔적을 보면서 집을 떠나와 귀향길은 바라지도 못한 채 한 사람 한 사람 눈물 섞인 땀을 쏟았을 것을 생각하니 남의 나라 조상들이지만 같은 인류로서 마음 편안히 볼 수 없었다.

가이드가 만리장성에 왔으니 '하룻밤에 만리장성을 쌓는다'는 옛말 뜻을 알아야 한단다. 하룻밤 사이에 친밀한 관계가 된다는 뜻으로 알았는데 다른 이야기가 있을까. 신랑을 장성 쌓는 곳에 뺏긴 새색시가 있었다. 어느 날 하룻밤 잠자리를 청하던 과객이 색시의 미모에 반했단다. 돌아오지도 못할 신랑은 기다리지 말고 같이 살자고 얼마나 꼬드겼을까. 과객은 색시의 부탁으로 만리장성에 갔다. 신랑에게 새 옷이라도 전해주고 오면 같이 살겠다는 색시의 말을 믿었기 때문이다. 장성을 쌓는 사람은 대타가 없으면 작업 현장에서 나올 수 없었음에 과객은 신랑과 잠시 자리를 바꿔 작업장에 들어갔다. 과객 덕택에 밖에 나와 새 옷을 입던 신랑은 옷 속에 넣어 놓은 색시의 편지를 읽었다. '내가 수절하지 못했지만, 당신을 구하고자 한 일이니 나와 살고 싶으면 용서하고 이 길로 집에 돌아오라.' 신랑은 그대로 만리장성을 빠져나와 부인과 해로하고 살았다는 이야기다.

자기 남편을 구하고자 다른 사람을 희생시킨 그 마음이 편했을까. 내 남편을 구했으니 되었다고 잊고 살 수는 없었으리라. 마음의 짐을 지고 살게 만든 황제를 원망하지는 않았을까. 하룻밤 남의 아내를 탐낸 과객은 만리장성을 쌓으면서 얼마나 많은 한탄을 했을까. 남의 불행을 이용하려던 벌을 평생 받게 되지 않았는가. 고된 노동으로 죽은 사람도 많았다는데 그대로 돌 밑에 묻으며 성을 쌓았다니, 제물로 바친 것일까. 장성은 곧 무덤이란다. 죽음을 불사한 조상의 수고와 인내가 세계 8대 불가사의로, 가장 거대한 건축물로 남았지만, 인명의 희생은 물론이고 얼마나 많은 결손가정들이 생겨났을까. 촘촘히, 튼튼하게 잘 쌓은 만리장성이 대단하지만 부럽다는 생각은 들지 않았다. 높은 산꼭대기까지 무거운 돌을 날랐을 고생스러움은 둘째이고 적의 침입을 막자고 세운 장성이 너무 길어서 오히려 적을 불러들이기 용이하였다 하니 아이러니가 아니랴. 장성의 곳곳에 병사가 있었다지만 5,000㎞가 된다고도 하고, 6,000㎞가 넘는다고도 하니 그 긴 장성에 어찌 다 군사를 세워 놓을 수 있을까. 아무리 인구가 많은 중국이지만 성 지키자고 병사를 세울 수 없었을 테니 병사가 없는 곳이 곧 적이 침략하는 곳이 되었다고 한다. 장성을 쌓아 놓고 오히려 적의 침범을 더 많이 받았다니 애초에 장성은 쌓을 게 아니지 않은가. 인력과 국력과 시간의 투자와 더불어 인명을 중하게 여기지 않았다는 비난까지 들어야 하는 성이니 비록 관광객은 많이 불러들일지 모르나 의식 있는 중국인이라면 자랑스럽지 못한 위정자 조상들을 부끄러워해야 하지 않을까.

늦은 밤 비행기를 타기 위해 공항으로 이동하며 가이드를 포함한 전 가족이 여행을 돌아보았다. 이른 아침부터 저녁 늦은 시각까지 3일 꼬박 구경한, 3박 5일의 여행이었다. 5일이라지만 양 끝의 이틀은 오고 가는 데 할애되었다. 가이드가 처음부터 끝까지 우리와 함께했으니 가능한 일이겠지만 여행 일정을 되돌아보며 복습을 시키는 일은 처음 보았다. 선생님과 공부를 마치고 집으로 돌아가는 학생 같은 착각을 잠시 맛보았다. 그 복습 덕택에 이처럼 첫 여행 후기를 쓰게 된 것이 아닐까.

여행하는 동안 아주버님처럼 내가 가족들께 드릴 퇴임 선물을 구상하였다. 일한다고 모든 가정 대소사에서 배려를 받았고, 형님들께 전화를 자주 못 드려도, 잘 찾아뵙지 못해도, 바쁜 사람으로 인정해 주신 까닭에 마음껏 기대고 어리광 부리며 살아왔다. 모든 여행도 일하는 나를 빼놓지 않으려고 꽃 좋고 단풍 좋은 계절 대신 여름방학에 계획해 주시지 않았는가. 3박 5일의 여행은 사랑의 큰 선물이었다. 그보다 우애 좋은 형제들이 계심은 계량 불가의 선물이 아니던가. 몇 년 후 내가 드릴 보은의 선물을 받으시도록 모든 가족이 강건하시길 빌며 마중 나온 남자 가족들과 새벽이 오는 길을 달렸다.

(2009년)

〈평설〉

식물성적 사유와 주변부 타자의 담론

— 배명란의 수필 세계 —

〈평설〉

식물성적 사유와 주변부 타자의 담론

- 배명란의 수필 세계 -

권대근(수필비평가, 국제문화대학원대학교 교수)

I. 로그인

　배명란 수필집의 큰 강줄기는 인간과 자연의 유기적 전체를 지향하는 생태학적 세계관에 대한 새로운 인식을 보여 주는 쪽으로 뻗어 나가고 있다. 따라서 배명란의 상당수 수필은 생명 자체를 노래함으로써 생명의 본질과 가치를 추구하며, 동시에 다른 존재들과의 관계 속에서 생명의 가치와 위상, 생명 고양의 중요성이 작가의 문학적 상상력 속에 구체화되고 있다고 하겠다. 그 때문에 이를 달리 자연 친화적 수필이라 불러도 무방하다. 다른 한편으로는 자조적이며 전통적이며, 저항적이며 휴머니즘적인 글들이 생태 수필을 뒤따르고 있다. 주변부 타자의 저항적 담론층에 속하는 수필들도 큰 맥락에서 에코필리아를 지향하고 있다.

　배명란의 생태 수필은 크게 두 가지 범주로 대별된다. 발견, 전망 또는 신뢰가 그것이다. 첫 번째, 발견의 장은 자연의 근본이자 바탕인 초록의 현장을 찾아 그 의미를 발견하는 것이다. 배명란에게 있어서 자연의 발견은 원시적 삶을 의미하며, 여유와 느림의 미학을 뜻한다. 생명의 발견 안에는 유년의 추억이 있고, 꿈이

나래를 펴고 있다. 그녀는 초록의 체온을 통해 삶의 진실을 발견해 내고 있다. 두 번째 전망 또는 신뢰의 공간은 수필가 고유의 감수성으로 아름답고 따뜻한 생태 사회를 보여 주어 인류에게 그런 미래를 꿈꾸게 만드는 상상력의 보고를 의미한다. 문학적 상상력과 생태학적 인식으로 또 하나의 희망이 될 지구의 미래를 이야기하는 장이다. 따라서 배명란의 수필집은 인류의 생존을 위협하는 산업사회의 이데올로기와 인간 중심주의, 그에 대한 대안으로 생태문학을 제시하는 책이라 할 수 있다.

그녀의 수필은 단순히 환경문제, 환경파괴를 고발하는 것이 아니라, 현대사회의 모든 병폐를 생태학적 인식으로 바라보며 녹색의 가치에 대한 감성을 일깨워 준다는 점에서 남다르다. 오동나무 싹을 키워 서래섬의 산책길에 심고, 그 나무를 살리기 위해 고군분투하는 작가의 모습이 눈물겹다. 수필 〈내 나무〉는 생태적 합리성에 대한 개념이 없는 공원 관리소 풀 베는 아저씨들에 의해 무차별적으로 베어져 나가는 나무들의 아픔을 다루고 있다. 여기서 그녀가 관심을 두고 있는 것은 다양한 형태의 동시대 내면에 소용돌이치고 있는 허무와 환멸이다. 풀을 베는 문제로부터 시작해서 작은 나무들이 생명을 잃어 가는 현장을 생태적 합리성으로 비판하면서 그녀는 인간의 부주의에 고개를 숙이고 만다. 이 수필, '그들은 어디선가 날아온 씨앗이 저절로 싹트고 자랐다고 생각할 것이다.'라는 부분에서 '저절로'는 시민들에 대한 생태적 상상력의 부재를 의미하기도 하지만 동시에 무개념을 가리키기도 한다. 수필의 묘미는 이런 것이라고 할 수 있다. 한 낱말의 다의성을 적극적으로 이용해서 연상과 상싱의 즐거움을 안겨주고자 하는 작가의 노력이 돋보인다.

이 수필집은 모두 다양한 특성을 보인다. 자연 친화와 환경 생태 보전에 관련된 글들로, 〈내 나무〉, 〈서래섬 단창〉, 〈산책길 단상〉, 〈접시꽃〉, 〈숲 마을〉, 〈가루받이〉, 〈사십 년 지기〉, 〈서래섬의 실루엣〉, 〈내부 수리〉 등이 있고, 세태 비판과 전통성 회복 및 주변부 타자의 저항담론을 담은 수필들 〈양돈기〉, 〈장닭〉, 〈닭 농사〉, 〈행복지수 높이기〉, 〈아이바라기〉, 〈소나기 뒤의 무지개〉, 〈내 삶을 지키는 단어〉, 〈어떤 출산〉, 〈소고삐를 잡다〉, 〈운수 좋은 날〉, 〈운수 없는 날〉, 〈봄비〉 그리고 가족과 관련된 이야기를 담은 〈어머니의 망향가〉, 〈대쪽〉, 〈아버님의 유산〉, 〈창치 오빠에게 바치는 애가〉, 〈작은아버지〉, 〈내 강아지〉, 〈영재교육〉, 〈개학 없는 방학〉, 마지막으로는 자조적 성격의 글과 죽음에 관련된 〈아직은 원해도 되려나〉, 〈내가 좋아하는 것〉, 〈장례식 단상〉, 〈어머니를 추모하며〉, 〈빛〉 등 많은 작품들이 다양한 체험적 예화와 삽화 그리고 상상력을 통해 형상화되면서, 생태사회를 위한 문학의 역할에 대한 물음, 더 나은 세계를 만들어 가고자 하는 지성적 사고 등이 펼쳐져 있다.

II. 클릭

작가는 자연 풍경을 그리워하는 사람이다. 자연이라는 공간적 배경에 익숙한 배명란에게 나무 꽃 풀 숲 등은 에코필리아의 핵심 질료들이다. 〈내 나무〉, 〈접시꽃〉, 〈숲 마을〉 등의 수필에서 보듯 글의 제재가 거의 자연물과 상관화된 것들이다. 자연은 그녀에게 사색의 시공으로 연결된 문학의 터전이요, 꿈의 삶터다. 배명란은 꽃과 나무와 숲이 부르면 언제든지 달려갈 준비를 하고 있는 여인이다. 왜냐하면 그녀는 풀 향기에서 생명의 피 솟음을 느끼기 때문이다. '씨앗에서 풀로', '풀에서 꽃으로', '꽃에서 나무로', '흙에서 산책로', '산책로에서 공원', '공원에서 섬' 등으로 시선을 넓혀가며 다른 이들과 자연의 향기를 함께 향유하고자 생태계를 위해 진심으로 헌신하는 모습은 성스럽기조차 하다. 자연생태로부터 순수를 배우고, 푸른 서정을 호흡하며 살고자 이름 없는 곳에 꽃밭을 만들고 꽃길을 조성하며 하루하루 최선을 다하는 그녀. 자연에 삶의 지혜를 묻는다. 자연 속 제물상에서 '인내'를 만나고 삶의 '섭리'를 발견하길 좋아한다. 이처럼 배명란의 수필은 자연 친화적인 서정을 노래한 작품이 상당수를 차지한다.

　이런 이유로 그녀는 누가 뭐래도 '생태수필가'다. 인간은 결국 대자연이란 문학의 온상만은 끝내 일탈할 수 없었음을 이 수필집은 보여 준다. 생의 참된 의미나 조화의 과정을 여유 있게 관조하고 수필의 문학성을 확보하는 데 구체적인 자연물 그 이상의 제재는 다시없다. 삶의 근원이며, 인간이 마지막으로 귀착해야 할 영원한 요람으로서 자연은 배명란 작가에게 에코필리아적 세계관을 상징하는 메타포로 작용한다. 인간은 자연을 모태로 생명 활동이 시작되고 마감되며, 자연의 질서가 삶의 질서라는 것을 수필을 통해서 깨닫는다고 볼 때, 배명란에게 자연물은 순리의 삶을 가르치는 스승인 셈이다. 선명한 지향점을 향해 나름의 운행을 하는 것이 자연이다. 배명란 수필의 가치는 자연 안에서 조화의 소중함을 찾아낼 뿐만 아니라 삶의 모범이 되는 실천덕목을 발견하는 데서 빛난다. 자연의 메시지는 절대자가 불완전한 인간을 향해 전하는 메시지라 할 수 있다. 배명란의 시선과 사유가 푸른 서정의 경계를 넘어 사언의 숨소리와 그 맥박, 그 의도를 점철해 가는 발견과 깨달음으로 확산되고 있음은 수필의 가치를 드높이는 일로 매우 바람직한 현상이다.

1. 식물성적인 사유와 에코필리아

오늘을 사는 우리에게 진정으로 필요한 것은 자연생태계와 공존하려는 생태적 합리성이다. 배명란의 수필들은 주제의 재료이기도 한 제목에서 이미 생태적 중요성을 다분히 암시하고 있다. 제목은 하나 같이 구체어로 되어 상징성이 크다. 생태적 합리성과 상상력을 주제 지향성으로 내세우면서, 우리네 이웃, 공원 및 산림 관리인과 일부 시민들의 안이한 생태 인식에 대해 일침을 가하는 비판의 눈길은 작가의식의 발로라 하겠다. 문학적 안목이라는 것은 대상을 그 대상의 속성 자체로 재인식하는 데 그쳐서는 안 되고, 연결 고리를 만들어가는 작업이다. 그 연결 고리의 한 축에는 언제나 인간과 삶이 존재한다. 대부분의 사람들은 인간 중심적이어서 인간 외 다른 존재의 울음에는 무관심할 뿐이다. 그러나 배명란의 수필에는 주변부 타자 특히 자연에 대한 가치 고양이 물결치고 있다. 수필을 수필답게 하는 것은 생태의식이면서 그 의식을 문학적으로 형상화하는 글솜씨에 있다고 하겠다. 생태는 곧 생명이다. 생명에 대한 애정이 배제된 수필은 어디에도 존재할 수 없다. 21세기 수필가는 생태적 상상력을 가져야 한다. 수필은 생명체에 대한 순수한 애정의 편린이기 때문이다. 작가는 생태 수필을 통해서 수필을 쓰는 행위는 모순된 현실을 박차고 나오는 탈출구라는 것을 알려 준다.

"오동나무는 하루가 달랐다. 어쩌면 저렇게 잘 자랄까 싶었다. 산책 때마다 들여다보는데 볼 때마다 키를 키우고 굵기를 더하고 있었다. 잎도 커져서 아이들 소꿉놀이에 쓰는 우산도 할 수 있겠다 싶었는데 어느 날 무참히 베어져 있었다. 장마철 지나고 풀이 무성해지자 풀과 함께 오동나무까지 베어 버린 것이다. 놀라운 것은 그 오동나무, 내게 좌절이란 없다고 선언하듯이 곧 다시 줄기를 내고 키를 키우기 시작하였다. 기뻐하기도 잠시 또다시 베어지자 풀 베는 분들의 처분만 바랄 수 없었다. 나는 한강 관리사무소에 찾아갔다. '꽃은 베지 않아서 고맙다. 오동나무도 베지 않으면 더 고맙겠다.'는 말을 하기 위해서였다. 나는 담당자로부터 풀 베는 아저씨들에게 말씀을 드리겠지만 기대는 하지 말라는 대답을 들었다. 곧 자라서 산책하는 사람들에게 그늘을 줄 터이니 잘 부탁한다고 간곡한 부탁을 하고 왔지만, 나무는 또 베어져서 그해에만 모두 세 차례나 잘렸다. 다음 해에도 자라다 베어지기를 몇 번 더 하는 아픔을 겪고도 뿌리가 살아 있는 오동나무는 다시, 또다시 줄기를 뽑아 올려 생명을 이었다."

- 〈내 나무〉 중에서 -

위의 수필은 길가에 심어져 자라다가 한 해 여러 번 베어지기를 반복하는 나무를 화소로 생명의 중요성을 잘 담아내고 있다. 작가는 '산책길 사람들에게 그늘을 제공해 줄 나무가 잘려져 나가는 데는 한 세대가 걸리지 않았다. 한 해에도 몇 번씩이나 된다.'고 말한다. '풀 베는 아저씨들에게 말씀을 드리겠지만 기대는 하지 말라.'는 진술을 통해 근대 이성을 옹호하는 사람들의 가장 큰 근거가 되고 있는 '정합적 이성'을 은근하게 비판하고 있다. '할 수 있는가, 없는가.'만을 따지는 '정합적 이성' 논리는 개발지상주의를 가져왔고, 우리 삶은 인공미로 가득 찼던 것이다. '잘 부탁한다고 간곡한 부탁을 하고 왔지만 나무는 또 베어서 그해에만 모두 세 차례나 잘렸다. 다음 해에도 자라다 베어지기를 몇 번 더 하는 아픔을 겪고'라는 부분에서 우리는 주변부 타자인 오동나무 한 그루의 생명을 지키기 위해 고군분투하는 작가의 생태주의적 가치관을 확인할 수 있다. 자연을 노래하되 파괴된 자연의 생명력을 노래함으로써 오히려 현실의 문제를 비판하는 모습을 보여 주었다. 이렇게 된 연유는 물론 자연의 변화에 기인한다. 어디에고 순수한 자연은 남아 있지 않고 눈 돌리는 곳마다 모두가 파괴된 자연만이 존재하기 때문에 자연의 수난을 있는 그대로 노래하는 수필은 자연히 현실을 비판하는 저항적 성격을 띨 수밖에 없다.

"무엇이 부족할까. 반그늘에 두고 물도 잘 주고 분무도 자주 하고 거름도 가끔 주는데, 혹 꽃을 피우지 못하는 까닭은 항상 따뜻한 거실 탓일까. 온도 변화가 큰 베란다에 두었을 때 꽃이 피지 않았던가. 어쭙잖은 실력으로 여러 이유를 생각해 본다. '추위를 이기는 어려움을 겪어야 저는 꽃대를 만들 수 있어요. 군자란도 그렇잖아요.' 행운목은 항변하고 있으려나. 식물도 어려움을 겪어야 향기로울 수 있는지. 남은 세월도 함께 행복하려면 더 많은 관심과 실험이 필요할 것 같다. 관심은 앎을 낳고, 앎은 올바른 보살핌을 낳으리라. 그리하면 꽃으로 보답하려나. 녹색으로, 공기정화로 제 몫을 하는데 꽃까지 보여 달라고 다그침은 욕심일까. 오랜 불임이지만 애완이며 반려인 행운목과 오십 년, 육십 년 지기가 되는 길은 기다림과 잦은 눈 맞춤일 것 같다."

― 〈사십 년 지기〉 중에서 ―

인간은 자연에서 왔다는 말을 자주 듣는다. 그래서일까. 사람은 녹색을 보고 숨 쉬고 먹어야 건강하다고 한다. 거대 문명을 건설하기 전에는 자연 속에서 먹고 자고 했다는 이야기가 거짓이 아니라면 인간이 자연에서 비롯되었다는 것도 사실일 법하다. 작가는 길거리에서 사 온 행운목을 사십 년간 키워 오고 있다. 그래서 이 친구를 '사십 년 지기'라고 한다. 제목 짓기에서부터 문학성을 놓았다. 줄기에서 잎을 출산하는 데는 인고의 시간이 필요하다. 작품에서 얻을 수 있는 것은 느낌의 미학뿐만 아니다. '식물도 어려움을 겪어야 향기로울 수 있는지. 남은 세월도 함께 행복하려면 더 많은 관심과 실험이 필요할 것 같다.'는 작가의 깨달음은 이 작품의 존재 의의이며 가치이다. 식물과의 '잦은 눈 맞춤'은 자기 자신에 대한 완고할 정도의 애정이며, 자기를 실존케 했던 운명적 존재에 대한 애착이기도 하다. 변화의 질주 속에서 행운목을 집에 두고 거실에 두었다 베란다에 두었다 실험을 하면서 꽃을 피우게 하는 열성을 지니고 살 수 있다는 것은 축복받을 일이다. 행운목은 그러한 의미에서 그녀의 말대로 우리 도시인에게 커다란 위안을 주는 애완이고 반려인 것이다. 그녀의 수필은 삶의 옆에 또는 삶의 한복판에 자리 잡고 있는 중요한 생활이며, 그 삶의 체험이 자신의 수필 속에 절실하게 투영되어 있어서 감동을 준다.

"작년 어느 날 이곳을 지나던 60대 남자분이 접시꽃이 씨앗을 뿌려서 자랐다는 말을 듣고 "그렇군요. 이 꽃밭의 주인이시네요. 씨가 날아왔나 궁금했는데. 아무래도 가꾸는 흔적이 보였습니다. 정말 좋은 일을 시작하셨어요. 저도 꽃 가꾸기를 좋아하니 함께 해도 될까요?" 하셨다. "주인이 어디 있나요. 함께해 주시면 고맙지요." 동참자가 생기니 좋은 점이 많다. 꽃 종류가 늘고 때로는 잡초 뿌리들을 뒤집어 주어서 풀 제거하는 일이 수월하다. 남이 시작한 일에 선뜻 나서서 동조하기가 쉬운 일이 아닌데 나는 든든한 조력자, 후원자를 만난 셈이다. 암 투병하는 친구를 위해 함께 머리를 깎는 반 친구들처럼, 일인 피켓 시위에 함께 서 주는 동료처럼, 나의 뜻을 지지해 주는 사람이 있어 힘이 난다. 더구나 누구라도 함께 가꿀 수 있는 공간이라는 사실까지 알려지면 더 좋으리라."

- 〈서래섬 단장〉 중에서 -

"나는 꽃씨를 보면 무조건 받아 둔다. 어려서부터 집 둘레를 돌아가며 받아 둔 씨앗을 뿌리고 돌보는 일이 내 놀이였다."로 서두를 시작하는 이 수필은 그녀의 사상이 얼마나 생태 지향적인가를 단적으로 보여 준다고 하겠다. 학교 꽃밭은 전적으로 배명란 작가가 꽃씨를 뿌리고 가꿨다. 공기 좋은 농촌에 산다고 다 자연 친화적인 것은 아니다. 과욕에 쪼들려서 하루하루 사는 게 괴로우면 이는 자연으로 돌아간 것이 아니다. 진짜 자연을 아끼는 사람은 자연을 스스로 가꾸고 보살핀다. 배명란은 꽃 가꾸기를 좋아한다. 어릴 때부터 꽃씨를 뿌렸고, 서래섬 산책길을 걸으면서 꽃씨를 뿌린다. 꽃밭을 해마다 늘려 나간다. 힘들기도 하지만 그들도 하나의 생명이라는 인식 때문에 죽일 수는 없다고 생각한다. 그녀는 자연에 귀속되어 흙을 밟고 싶은 것이다. 그래서 집 주위 공원 공유지 빈터에 꽃밭을 가꾸며 자연과 함께하며 흙과 사귄다. 입양되었던 아이가 이제야 자신의 부모가 누군지 안 것처럼 거대한 탑에서 나는 연기와 기계에 둘러싸인 인간들이 녹색 자연을 그리워하며 하나둘 흙과 친해져야 한다는 생태담론을 이 수필은 잘 보여 준다. 지금 우리에게 있어서 생태담론의 의의는 본래 자연에 기대어 살던 인간이 자연과 인간 사이의 본연적인 끈을 끊으려 하기 때문이 아니다. 오늘날, 그리고 미래에 예측되는 우리들의 문제는 자연과의 단절 자체에서 기인하는 것이 아니라, 그 단절 이후의 우리 선택이 문명 이기라는 게 문제다. 작가는 꽃밭을 볼 때마다 돌봐 달라고 손 내미는 꽃들을 그냥 지나치지 못한다. 한강 공유지 꽃밭 가꾸기를 통해 진정한 삶의 가치를 말해 준다.

"뭐 하시는지 여쭤봐도 돼요?"
내 또래쯤 될까. 더 젊을까. 서래섬 둘레를 힘차게 걷던 여자분이 멈춰 서며 내게 물었다. 마포대교 쪽의 하늘이 보랏빛에서 짙은 회색으로 바뀔 때, 길어 온 물을 뿌려가며 분꽃이며 접시꽃 국화 등의 잎을 씻고 있을 때였다. 흙탕물이 넘쳐 흙 옷을 두껍게 입은 꽃들이 숨을 못 쉬어 죽을까 봐 씻어 준다 했더니, 서래섬 관리자가 호스로 물을 뿌려 씻어 줘야지, 왜 당신이 씻느냐 한다. 쫄쫄 흘려가며 씻는 것이 시원찮아 보였을까.
"심은 사람이 씻어 줘야죠. 관리소 측에서는 풀만 깎고 이런 일은 관심이 없어요."
"관리소에서 하는 줄 알았어요. 서래섬을 걷는 사람을 위해서 이 꽃밭을 가꾸시는 거잖아요. 제가 꽃을 보는 즐거움을 누렸으니 시를 낭송해 드려도 될까요?" 한참을 생각한 것도 아니고 바로 그 자리에서 대뜸 시 암송의 제안이라니."

– 〈서래섬의 실루엣〉 중에서 –

자연과 인간의 삶은 끈끈한 핏줄로 연결된 일종의 공동운명체라고 할 수 있다. 생태계는 인간 경제활동의 모태일 뿐만 아니라 지구상의 모든 생명체의 활동에 되먹임 작용을 한다. 배명란이 행동하는 양심에 관심을 가지는 것은 너무나 당연한 일이다. 작가가 그녀의 '잎 씻어 주기'는 어떤 차원에서 씨를 뿌리는 것과 약간 다르다. 왜냐하면, 꽃들이 숨을 못 쉬어 죽을까 봐 잎을 씻어 준다는 것은 문명 이기에 대한 비판도 담겨 있다. 평자는 '생태' 문제가 절실한 이 시기에 배명란 작가가 이런 생태 수필을 기획했다는 데 주목하고자 한다. 최근에 이르러 생태계와 경제활동의 상호작용 과정에서 큰 문제들이 발생하기 시작하였다. 인간의 경제활동이 지구 생태계가 지탱할 수 있는 위험 수위를 넘나들고 있다는 우려와 비명이 여기저기서 터져 나오고 있다. 이는 인간의 경제활동이 생태계와 생태학적 원리를 고려하지 않은 채, 눈앞의 이익에만 몰두하는 근시안적 시장원리에 의존한 결과다. 이러한 급박한 상황에서도 그녀는 꽃잎을 씻어 주면서 꽃을 가꾸다가 만난 사람들을 잊지 않는다. 인류 사회는 궁극적으로 평화와 생태를 지향해야 한다는 알트의 주장대로 그녀는 자연을 가꾸는 데 여념이 없다. 유유상종이라 했으니, 시 낭송을 해 주는 분의 여린 음성이 마음을 두드리고, 풀잎 둔덕 위를 굴러 강물에 누운 가로등 불기둥을 흔들고 올림픽대로의 차 소리도 잠재워 버렸다. 이렇게 자연을 노래하고, 희망을 노래할 줄 아는 사람들이 작가 주변에 많이 모여들기를 기원한다.

2. 긍정미학의 향기와 순수의 숨결

한 작가에 대한 고찰은 그가 작품을 통해 구현하고 있는 정신을 심층적으로 살핌으로써 그 삶이 갖는 존재의 의의를 규명하는 것이 바른 방법론이 될 것이다. 문제는 작가로서의 존재적 가치는 어떤 것이어야 하며, 어떤 성격의 작품이 인간적 면모를 이해

하는 데 도움이 되는가 하는 것이다. 배명란은 사물에 대한 예민한 촉수로, 자기만의 독특한 긍정적 세계관을 바탕으로 건강한 삶을 진솔하게 표현하는 작가다. 〈봄비〉, 〈내가 좋아하는 것들〉, 〈아직은 원해도 되려나〉, 〈내 강아지〉 〈영재교육〉, 〈개학 없는 방학〉, 〈소고삐를 잡다〉 등 일곱 편으로 살펴본 그녀의 수필 세계는 긍정미학으로 구축된 질박한 삶의 축제라 할 수 있다. 그녀의 수필은 긍정의 마인드로 사물을 보고 있다는 측면에서 문학적 가치를 갖는다. 그녀는 식물을 기반으로 하는 생태의 길을 자신의 운명으로 받아들이는 사람으로서 인간 정신의 본질과 진정한 행복의 의미를 파헤치는 서정 수필을 주로 써 왔다. 지금까지 그녀는, 무엇보다도 긍정미학의 실천을 통해서 순리대로를 강조해 온 사람이라는 것이다. 〈봄비〉에서 그녀는 '돌이켜 보면 마스카라 망신이 오히려 잘된 일이었지 싶다. 기본만 바르니 황금 같은 아침 시간을 내 집 애들 돌보고, 집 대충 치우고 학교 아이들 빨리 만나러 총알처럼 나갈 수 있었지 않았는가.'라며 삶의 순간순간을 긍정적인 소망을 갖고 노력하였다.

작가에게 있어서 삶의 원초적 동기는 이 순수에서 출발한다. 이러한 순수는 작가를 감사하는 생활에서 노력하는 생활로 승화시키기도 한다. 그래서 순수가 바탕이 된 그녀의 글에 잔잔한 감동이 있다. 수필의 여러 매력 중에서도 가장 아름다운 것은 솔직성이다. 진솔한 자기 고백에서 그녀의 순수한 삶은 맹물같이 투명하게 드러난다. 인생사의 흔한 한 축을 과거라는 시공에 놓고 그 시절의 순수를 그리워하고 있는 그녀의 글은 출발점도 귀착점도 한마디로 '나'라는 인생 그 자체다. '나'에서 출발하고, '나'를 표현하는 것을 근간으로 하는 작품은 긍정미학의 결정체라 하겠다. 내가 사랑하고 아끼는 것을 타인과 같이 공유할 수 있는 마음, 그 속에 행복이 있다는 통찰을 통해서 이상과 현실의 부조화를 통합하고자 하는 배명란의 예지는 우리들의 메마른 공명상자를 울리기에 조금도 손색이 없어 보인다. 인간이 아름답게 보일 때는 배려가 있을 때다. 배명란은 자신의 삶뿐만 아니라 모든 사실에 대해 진지한 태도로 관심을 표명하는 작가다. 그녀는 어떠한 경우이든 순수로 살고자 한다. 한마디로 신념이 확고한 사람이다. 수필이 무엇보다 아름답게 느껴지는 것은 '비워서 생긴 여유를 즐기며 지난 세월을 걸러내기' 때문이다. 녹색과의 잦은 눈 맞춤으로 얻은 이득이 회화적인 색채감으로 잘 드러나 있다는 게 배명란 수필의 최대 장점이라 하겠다.

"내가 좋아하는 것을 정리하고 보니 평소에 모르던 사실을 깨닫게 되었다. 다른 이도 그러겠지만 나는 예쁜 것, 눈이 즐거운 것을 밝힌다는 것, 내가 좋아하는 일을 하며 살았으니 감사해야 한다는 것이다. 아이들을 좋아하여 아이들과 오래 살았다. 꽃과 나무, 숲을 좋아하는데 숲속 같은 동네에 살며 내 마음대로 시간 되는 대로 가꿀 수도 있다. 볼거리 구경거리들을 좋아하는데 가까운 곳에 그런 곳이 다 있다. 나의 여행에 가족들의 지지가 있고 좋은 친구들과의 협력이 있으니 그 또한 고마운 일이다. 퇴직 후 귀여운 아이들을 보지 못하여 한동안 울적했는데, 요즘은 내가 사회 일 학년이다. 선배들에게서 퇴직 후의 새 삶을 배우는 '퇴직 일 년차'이기 때문이다. 잘 배우는 아이들처럼 나는 배우며 살기를 희망한다. 배우려고 노력하는 동안에는 적당한 긴장감을 유지할 것이고, 그것은 떠나보낸 젊음의 아름다움을 대신하지 않을까."   - 〈내가 좋아하는 것들〉 중에서 -

이 작품은 그녀의 글 중에서도 어찌 보면 가장 수필적인 글이라 할 수 있다. 수필을 창작한다는 것은 곧 '나'에 대한 조명이요, 이를 통하여 자기실현에 이른다는 의미를 가진다. 그래서 수필을 그림자의 인격화라고 하지 않는가. 이 작품의 문학적 가치는 수필적 자아인 '나'를 철저히 탐색하고 규명함으로써 그 '나'를 그려 내고 '나'를 초월하여 인간 본연의 본질인 보편성에 접근하고자 하는 데서 찾을 수 있겠다. 여기서 정말 중요한 것은 작가는 늘 배우며 살기를 희망한다는 것이다. 이 진술은 전체 내용에 견주어 보면, 상당히 암시적이다. '내가 좋아하는 것들'을 제재로 해서 내면을 드러내어 그림자와 마주 보기를 시도했다는 측면에서 치료 효과를 극대화한다. 자신이 좋아하는 일을 하며 살았으니 이에 감사해야 한다는 자각은 그녀의 긍정적 세계관을 잘 보여 준다고 하겠다. 결말부 마지막, '내가 누리고 산 것들에 대한 또 다른 보답 방법을 찾으면서'는 매우 바람직한 삶의 태도라 할 수 있다. 많은 사람들이 저마다의 사유와 사연을 안고 살아간다. 수필은 다양한 모습을 연출하는 사람들이 그려 내는 이야기를 모아 놓은 것이다. 이 작품에 제시된 것들은 작가의 내면 풍경을 잘 보여 준다. 아이들을 좋아하고, 숲을 좋아하고, 꽃과 나무가 만들어 내는 경치를 좋아하고, 특히 꽃 가꾸기는 걸음마를 시작하면서부터 좋아했으니, 이럴 때가 가장 행복했다고 회고하는 작가를 보면, 꽃은 그녀에게 운명인 셈이다. 현재 작가는 직장을 퇴직하고 사회 초년생으로 살고 있다. 이 수필 속에는 일생을 하고 싶은 일을 하며 행복에 젖는 작가의 긍정적 세계관이 노출되어 있어 감동을 준다.

　"자리가 나면 연락한다 해서 아이들 귀국 날짜는 정하지 못하고 나만 다음 날 돌아오기로 했다. 아이들이 저학년일 때 같은 학교 다니던 나는 빨리 가야 한다면서 먼저 가는 일이 많아 서운했다는데 비행기도 저희끼리 타고 오라니 눈물이 나더란다. 더 머물면서 영화관 과학관, 바다 구경에 신이 났던 작은아이는 집에 가는 일은 누나만 따르면 되니 그랬을까. 큰아이의 입장이 되어 보니, 내 반 학생들 염려하느라 내 집 아이들 안위에 눈 감았던 냉정함이 가슴을 울컥하게 했다. 나 없어도 학교는 잘 돌아갈 텐데 왜 그렇게 내가 해야만 한다고 생각했을까. 내 아이는 내가 돌봐야 하지만 교감 선생님이라도 대신 가실 게 아닌가."

- 〈소나기 뒤의 무지개〉 중에서 -

　작가가 자신의 아이들보다 항상 일을 우선시했다는 걸 보여주는 작품이다. 아들이 입대한다고 연가를 신청하는 동료 교사를 보면서, 자신의 입장을 되돌아보는 것을 발단부로 해서 자신의 성향을 드러낸다. 이 작품이 가슴 뭉클한 감동으로 다가오는 것은 주변부 타자에 대한 애정이 애틋하고 간절하기 때문이다. 아이들을 키우며 행복했던 모성의 따뜻한 온기보다는 자립심을 강조하면서 늘 혼자 할 수 있다는 믿음을 가졌다. 나중에서야 부모 역할에 있어서 상대적으로 미안함을 느끼지만 자신의 스타일을 반추하는 일을 잊지 않는 작가이기에 더욱 독자의 애잔한 공감을 불러일으킨다. 자신의 아이들보다 먼저 맡은 반 아이를 걱정하는 것은 긍정적인 사고방식에 속한다. 이 수필에서 작가는 자신을 반성적 성찰대 위에 세우기 위해 여러 가지 사건을 예화로 제시한다. 결말부에 가서 이런 자신의 태평주의 내지는 긍정주의가 '자신의 일을 스스로 개척하는 용감이'로 자라게 했다고 진술하고 있다. 이런 전화위복의 결과를 '소나기 뒤의 무지개'로 형상화하는 전략은 매우 문학적이다. 이런 제재 상관화 전략은 주제 의식의 형상화를 위해 매우 바람직한 작업이다. 아이들로부터 '우리 엄마는 진정한 프로'였다는 평가를 받았지만, 작가는 그래도 겸손하게 그것의 의미를 칭찬에 무게를 두지 않고, 서운함에 둔다. 이는 자신을 늘 낮추고, 반성하는 자세에서 나오는 순수의 심정이 아닌가 여겨진다.

"내게 손자가 생기니 할머니 생각을 더 하게 된다. 그리고 내 할머니처럼 손자를 불렀다. 예부터 할머니들은 귀여운 손주를 왜 강아지라고 불렀을까. 어린 자식이나 손주를 귀엽게 이르는 말로 '강아지'라고 했다는데 거기에 '내'가 붙으면 더 다정한 말이 된다. 어떤 이는 귀한 자식을 나쁜 것들로부터 보호하고 오래 살게 하려고 험한 이름을 붙여 준 것이라고 하지만, 사람 품을 파고들며 재롱을 떠는 새끼들 중에 가장 귀여워서가 아닐는지. 거기에 어감까지 부드럽지 않은가. 이름은 만인이 부르니 내 소유가 아닌 느낌이지만 '나의'의 소유 의미 때문일까. 할머니는 '워이'의 대답과 '내'를 붙여 '워이, 내 강아지'로 할머니만의 말씀으로 만들었다. 여러 할머니들의 '강아지'를 들어 보았지만 내 할머니의 그것만큼은 감칠맛이 없었으니 팔이 안으로 굽어서인가. 어린 날, 동네 할머니들 중에서 왜 우리 할머니가 제일 예쁘냐 여쭈었을 때 활짝 웃으며 '니 할미라 그렇단다.'와 같은 맥락일까."

- 〈내 강아지〉 중에서 -

호칭의 문제를 인문학적 사유로 추적하고 있는 글이다. 어떤 호칭이 사람과 사람 사이에서 중요한가를 보여 준다고 할 수 있다. 일상적이고 단조롭고 무미건조할 수밖에 없는 삶을 혈육의 정으로 투시하는 그녀의 긍정적 삶의 태도에는 따스함과 순박함이 병존해 있어서 정감의 깊이를 더해 주고 있다. 그녀의 수필이 강한 호소력을 갖는 데는 때 묻지 않은 순수서정에의 갈구가 뒷받침되고 있다 하겠다. 수필 문학의 생명은 주제 의식을 의미화하는 데 있다. 주제 의식의 올바른 의미화는 제재를 중심으로 해서 주제를 겨냥할 때 구축된다. 위 인용 단락은 이 작품의 주제를 구체화하고, 의미화하는 작업을 수행하는 부분이다. 작가는 주제 의식의 의미화에 앞서 자신의 할머니는 왜 자신을 부를 때 강아지라 불렀을까에 대해 집중적으로 파고든다. 할머니의 사랑을 받았던 자신에게도 손주가 생겼다. 한 여인의 손주 사랑이, 다시 대물림되는 현실에 크게 공감하면서 우리는 문학적 감동에 젖게 된다. 사람의 아름다움은 객관적인 판단에 의해 규명되는 것이 아니다. 그것은 긍정적인 자세와 실천적인 노력이 뒷받침되어야 드러나는 법이다. 사랑하면서 건강한 정신으로 사는 삶이 소중하다는 걸 작가는 호칭을 통해서 잘 형상화했다고 하겠다. 할머니의 일과 중에 가장 보람 있는 일이 손자와 마주 보며 웃는 일이라고 하는 대목이 더욱 우리의 가슴을 여미게 하는 것이다. 진솔한 인간성의 표출, 그것이 없이는 진정한 감동에 이르지 못한다. 가슴에 꽃씨를 가지고 살다시피 했던 젊은 시절이 오늘의 그녀를 있게 했고, 이런 휴머니즘이 짙은 수필을 잉태했다고 하겠다.

"빛나는 졸업장을 타신 엄마께 꽃다발을 한 아름 선사합니다. 물려주신 몸과 맘으로 착하게 살다 우리도 엄마 뒤를 따라갑니다.

어머니는 이렇게 대답하시려나.

잘 있거라 내 아이들, 정든 사람들, 나는 이제 이 세상을 물러 갑니다.
우애하며 건강하게 잘들 살다가 먼 훗날 천국에서 다시 만나세.”

- 〈어머니의 망향가〉 중에서 -

배명란 작가의 어머니는 1989년 봄, 큰오빠의 초청으로 미국으로 가서, 그곳 요양원에 계셨으니, 얼마나 고향이 그리웠을까. 여든아홉에 돌아가셨고, 지금은 고향 뒷산에 모셨다고 한다. 어머니만 생각하면 통증이 오기에 그녀는 어머니를 하늘에 묻고 스스로를 위로받는다. 이 수필은 어머니의 사랑만큼 고귀한 것도 이 세상에는 없다는 걸 말해 준다. 무조건적이고 맹목적이기 때문이다. 적어도 이 글에서 사랑은 연민의 다른 말일 수도 있고, 공유하지 못한 것에 대한 그리움일 수 있다. 부모의 사랑을 소중히 여기며 사는 배명란의 수필을 통해 느낄 수 있는 맛에는 진한 그리움의 향기가 단연 으뜸이다. 작가는 이 작품의 노래를 화두로 해서 어머니의 고통스럽고 한 많은 삶을 들려주고자 한다. 이러한 정서는 '어머니를 돌보아 드리려고 퇴직도 앞당겼다.'는 진술에 잘 드러나 있다. 그래서 그녀는 어머니와 함께 노래를 부르고 지냈던 석 달의 과거를 유영하고 있는 것이다. 이국의 요양원에서 매일 애국가 4절까지를 불렀던 기억을 어머니의 사랑과 섞어 반추하고 있다. 어느 자식이든 모든 인간에게 그리움의 대상은 어머니일 수밖에 없다. 어머니의 배 속은 모든 이들의 영원한 본향이기 때문이다.

배명란 수필에서 어머니는 세상 살기가 힘들다고 느낄 때, 달려가는 피안의 세계였다. 자신을 생전에 끔찍이 아껴 주었던 어머니께 퇴직을 앞당겨서라도 효도하고 싶어 했지만 어머니는 기다려 주지 않았다. 어머니를 애틋하게 기억하며 그리움으로 가득 찬 심사를 유감없이 토로하고 있는 작품이 〈어머니의 망향가〉이다. 누구에게나 편하게 기댈 수 있는 존재는 어머니다. 출가외인인 여성에게 더욱 어머니의 품은 안락한 둥지와 같다. '아버지'에 대한 사부곡도 더러 보이는데, 배명란의 글에서는 유독 '어머니'에 대한 기억은 선연하다. 그것은 어머니가 그녀의 가슴 안에 뚜렷한 사랑을 심어 주었기 때문이다. 어머니의 눈물 어린 얼굴을 작가는 어머니의 오동나무에 투영시키면서 그리움에 젖기도 한다. 우리에게 대지는 영원한 모성이다. 그 흙 위에 씨를 뿌리고 생활하며 결국에는 흙에 묻혀 흙으로 돌아가는 게 우리의 인생이다. 그녀의 수필은 식물성적인 푸르름이 존재하는 사랑의 집 안을 배경으로 하기에 감동을 준다고 하겠다. 항상 아니 영원히 자연과 함께 있고자 하는 작가 배명란이 우리 주변에 있음으로 해서 우리는 늘 서정적 정조에 깊이를 더할 수 있다. 미국에서 장례식을 치르면서 그녀는 〈어머니를 추모하며〉라는 추도사를 읽는다. 식물성적인 푸르름의 향기를 맛볼 수 있는 것은 행운이다. 꽃씨의 순수가 사라지면, 오직 폭풍의 언덕처럼 을씨년스럽고 황량한 바람만 불 뿐이지 않은가.

3. 저항성과 기적이 있는 삶의 공간

도시 생활의 정신적 긴장이나 공동체 의식의 상실이나 비인간화와 같은 도시적 병리 현상으로 인하여 작가는 저항성을 나타낼 수 있다. 저항은 정신적 건강함을 우리에게 가져다주는 일종의 아름다운 의식의 성찬이다. 그것은 새로운 자기 탐색을 위해서도 보람 있는 일이지만 더 나은 세상의 영토 확장에도 바람직한 일이다. 또한 그것은 얽매인 일상의 생활에서 새로운 창조의 기쁨을 누리는 희열이라고도 할 수 있다. 여기에는 필시 수필의 비판적 원리가 작용하고 있을 것이다. 특히 경제가 어렵고 살림살이가 힘들어질수록 감각은 예민해진다. 아무리 황금만능주의 사회라 하더라도 물질이 전부일 수 없다. 배명란은 이런 진리를 작품을 통해 잘 보여 준다. 수필 역시 문학적 감동은 제재와 주제의 상관화에서 나온다. 배명란은 독자에게 연상과 상상을 불러일으키는 상관성 있는 제재를 선택하고 그 제재와 자신의 체험을 버무려 그 속에 주제를 잘 구현하는 작가다. 특히 문학에 있어서 영원한 주제인 사랑과 죽음에 대한 탁월한 인식이 돋보인다. 어쨌든 인간에게 생사의 문제란 최대의 난제이며, 누구도 피할 수 없는 것이다. 그래서 인간은 죽음을 두려워한다. 또한 죽음을 이긴 사람은 이 세상에 없다.

배명란 수필에서 두드러지게 나타나는 또 다른 현상은 생사에 대한 사고와 감성이 유례없이 증대되고 있다는 사실이다. 상당수의 작품에서 죽음의 공포에서 벗어나고자 하는 지혜의 시간이 그려진다. 배명란이 자신의 수필에서 죽음의 문제를 다루고 있다는 것을 어떻게 이해해야 할까. 현대문학은 죽음의 고찰에서 비롯되었으며 현 세기의 문학 세대를 식별할 수 있는 가장 좋은 방법의 하나가 바로 죽음의 사실에 반응하는 그 방법 여하에 있다고 한 루이스의 지적이 배명란 수필의 경우에도 그대로 적중되고 있는 셈이다. 정신적으로 안주할 수 있는 과거와 약속된 미래에의 가능성으로부터 단절되어 버릴 때 일반적으로 죽음의 의식은 싹을 틔우게 된다. 지올코우스키는 현대문학의 차원에서 죽음이 현저해진 요인은 바로 사회적인 붕괴의 시대에 있어서 가장 격렬해진다고 보고 있다. 언젠가는 헤어져야 한다는 사실, 그 시간이 눈앞에서 전개된다는 사실이 사람들에게 많은 것을 말해 준다. 그러나 중요한 건 삶의 마지막 종말로서의 죽음이 살아남은 자의 현실적인 삶에서 어떤 의미를 갖는가에 있다는 것이다. 유난히 정이 많은 작가에게 있어 죽음은 유난히 아픈 기억이 되어 뇌리를 떠돌고 있다.

"감동이 있는 장례식을 보고 싶다는 생각을 하면서 나의 장례식을 상상해 보았다. 앞으로 얼마나 더 긴 시간을 허락받을지 모르지만 내 자식들은 나를 어떤 어머니였다고 기려 줄까. 나라의 동량을 양성하면서 보낸 육십 평생 속에 내 아이들도 잘 키우기 위해 정성 들인 세월이 겹쳐 있다. 가장의 긴 우환 속에서도 바깥일과 집안일에 온 힘을 기울인 눈물의 날도 있다. 그래도 아이들은 '엄마는 일이 먼저였다'고 아쉬웠던 기억들을 들춘다. 이제부터 살아갈 남은 날에는 어떤 이야기들을 담아 아쉬움이 없는 인생을 만들까. 죽음이 임박한 사람들에게 물으면 '더 사랑할걸, 더 봉사할걸, 더 즐길걸.' 하며 후회한다고 들었다. 나는 거기에 하나 더 '더 배울걸'을 넣겠다. 배워야 사랑도 봉사도 즐기는 일도 더 잘 할 수 있지 않겠는가."

— 〈장례식 단상〉 중에서 —

말하자면 전통적인 가치가 붕괴되면서 신념의 갈등과 마주치게 되면 죽음의 의식은 개개의 인간 정신에 불안하게 다가오게 된다. 작가는 퇴직하고 봉사활동으로 장례미사에 참여하게 되면서 우리나라의 조사 없는 장례식의 문제를 건드린다. 장례절차 없는 고별의식은 고인에 대한 예의가 아니라는 것이 배명란의 주장이다. 사람들에게 있어서, 이 삶이 끝나면 어찌 되는가에 지대한 관심이 있으나 인생에서의 죽음이 특수한 관계성이므로 어느 누구도 어느 곳에도 시원한 답은 없다. 인간사에서 절실한 관심사와 문학적 주제는 사랑과 죽음과 연결될 수밖에 없다. 전자는 살아 있는 상태에서 삶의 온기를 가늠할 수 있는 가장 확실한 방법이고, 후자는 누구에게나 어떠한 형태든 다가올 수밖에 없는 필수적인 코스다. 〈장례식 단상〉은 감동적인 이야기가 있는 장례식이 되어야 한다는 작가의 인식이 녹아 있어 감동을 준다. 한 생명이 세상에 태어나면 모든 이들이 기뻐하고 축하해 준다. 그러나 오랫동안 정들었던 이가 세상을 떠날 때면 슬퍼하며 통곡한다. 젊은 사람의 죽음은 죽음 이상의 공포가 내재되어 있다. 다윗 왕도 아들 압살롬을 잃었을 때 머리에 재를 얹으며 성루에 올라 심히 통곡하였다고 하지 않았는가. 궁극적으로 이 세상에서의 삶이 고생과 수고로 얼룩진 삶이었기 때문일 것이며, 또한 한 번 죽으면 영원히 볼 수 없다는 인간적인 정 때문일 것이다.

누구나 사람이 나이를 먹기 시작하면서 첫 번째로 겪게 되는 것은 이별의 예감과 그것으로 받는 충격의 아픔이다. 영원히 함께할 줄 알았던 인연의 끈이 끊어질지도 모른다는 불안이 얼마나 삶을 백팔십도로 바꾸어 놓는지 우리는 이 작품으로 알게 된다. 인용 예문은 감동이 있는 장례식을 보고 싶다는 생각하에 작가가 자신의 장례식을 상상해 보는 대목이다. 아픔만큼 성숙해시기에 이러한 과정은 영혼을 살찌게도 한다. 남은 자식들이 나에 대해 어떤 평가를 내릴까 하는 불안감은 인간에게 주어지는 고통 중에서도 가장 큰 시련이다. 만남의 끝에서 어쩔 수 없이 헤어짐이 존재할 수밖에 없고, 그것을 운명으로 수용해서 보편화하지만 생각하면 야속하게 느껴져 가슴에 거센 물살을 일으키는 경우가 많다. '죽음이 임박한 사람들에게 물으면 '더 사랑할걸, 더 봉사할걸, 더 즐길걸.' 하며 후회한다고 들었다. 나는 거기에 하나 더 '더 배울걸'을 넣겠다.'는 다짐의 문장은 최고의 압권이다. 이 수필의 마지막은 한평생의 긍정적인 평가를 염원하는 작가의 희망 사항이 눈시울을 뜨겁게 적신다. '배우기를 즐기며, 이웃을 사랑하고, 한 번뿐인 삶도 향유할 줄 알았던 사람으로' 평가받길 바라는 마음이 찐한 여운을 자아낸다. 살아 있기에 절절한 그녀의 기원은 비록 '정작 나는 아무 말도 들을 수 없겠지만'이란 가정 절 때문에 더욱 눈물 젖은 절규로 들린다.

"아버님이 손자를 또 바라실 때 더 이상의 지성이 필요 없는 분이 손자 문제에는 왜 저렇게 고루하실까 생각했다. 아버님의 아들 셋이 각각 남매를 낳았고, 여섯이 결혼하여 열두 자녀를 기른다. 평균 둘씩을 기르는 셈이지만 아직 우리 아들은 아이가 하나이다. 이제는 내가 아버님처럼 바란다. 출산율이 낮은 우리나라가 걱정되어 우리 집안이라도 한 사람 더 보태야 한다고 생각한다면 한 마리의 벌새에 비유되려나. '쓰지 신이치' 씨의 우화에 나오는 벌새 한 마리는 초원에 불이 나서 모두 도망쳐도 강물을 물고 와 불길 위에 끼얹었다지 않는가. 간절히 바라서 마침내 둘째를 얻은 그 엄마처럼 우리 손녀에게도 동생이 생기기를 바란다. 이 시대에 아이를 낳아 기르는 일만큼 큰 애국이 어디 있으랴. 그리된다면 나는 한 번 더 손주 키우기에 줄어드는 체력이나마 거들겠지만 아버님처럼 교육비 제안은 할 수 없어 안타깝다. 사교육 공화국인 우리나라의 요즈음 교육비는 학부모가 노후 자금을 마련할 수 없도록 큰돈이 든다지 않는가."

- 〈아이바라기〉 중에서 -

　행복 속에서 인간은 지향하고자 하는 욕망이나 욕심이 없어지고 편안해질 것이며 평화로워질 것이다. 이 수필은 정부의 인구 문제 정책 실패를 지적하면서 '아이 하나 더 기르기 운동'을 제안하며, 할아버지 할머니들이 손주 돌보기에 힘을 보태고 있다는 사실을 전한다. 이 수필의 문학성은 발단과 결말의 수미상관적 구조와 주제 의식의 간접화다. 그녀는 '잘될 집에서는 어떤 소리가 나야 하는가. 옛 어른들은 아기 울음소리와 책 읽는 소리라고 하였다.'는 전개예고를 발단부 첫 문장으로 놓고, 결말부에 가서 '미래를 기대하려면 아이들 소리를 들을 수 있도록 지혜를 모아야 할 때'라고 말한다. 무조건 낳으라고만 하면 안 되니, 할머니, 할아버지들이 손주를 봐 준다고 한다. 그녀야말로 탁월한 혜안으로 황홀한 미래를 여는 작가다. 수필을 씀에 있어서, 작가는 한 작품이 실존적 불안이나 죽음을 표현하든, 소시민적 생활의 애환을 그리든, 병든 사회에의 저항과 분노를 나타내든 간에, '문학성' 속에 그 대상을 용해하고 있다는 점이다. 원고지 사각의 모서리가 닳아질 때까지 서대문 수필교실에서 수필시학을 갈고 닦았던 연유라고 본다.

　문학성이란 말이 상당히 막연한 것 같지만, 따지고 보면 주제와 구성 그리고 표현의 공감도를 의미한다. 여기서 '출산율이 낮은 우리나라가 걱정되어 우리 집안이라도 한 사람 더 보태야 한다고 생각한다면 한 마리의 벌새에 비유되려나. '쓰지 신이

치' 씨의 우화에 나오는 벌새 한 마리는 초원에 불이 나서 모두 도망쳐도 강물을 물고 와 불길 위에 끼얹었다지 않는가.'는 공감의 지름길이라 할 수 있다. 어떻든 수필은 공감의 문학이기 때문에 멋과 맛뿐만 아니라 반드시 향기를 지녀야 한다. 또한 작품과 작가는 일치해야 한다. 수필적 삶의 진실이 그대로 자신의 수필 속에 투영될 때, 향기가 나오기 때문이다. 수필 쓰기를 삶의 한 행위로 생각하는 사람이라면 수필이 정보나 사실의 나열이거나 말장난이 아니라는 사실에 동의하게 될 것이다. '그리된다면 나는 한 번 더 손주 키우기에 줄어드는 체력이나마 거들겠지만 아버님처럼 교육비 제안은 할 수 없어 안타깝다.'는 사교육비 지원 여부는 삶의 진실과 수필의 진실이 같음을 증명한다. 일상을 조탁하는 정서의 힘이 멋을 한껏 우려낸다고 하겠다. 그녀는 어둠 속에서도 희망의 땅으로 우리를 인도해 나가는 작가다.

"아이들의 폭력 문제로 온 나라가 걱정이다. 좁은 땅 곳곳에서 일어나니 잘못 키운 어른들 책임인가 싶어 눈 둘 곳이 없다. 기운 센 아이들이 힘이 약한 아이를 괴롭히다 죽음에까지 몰고 간다. 그들을 어떻게 교화시킬까. 나긋나긋하고 향긋한 산나물 같은 아이들로 다시 태어나게 할 수는 없을까. 아이들에게 닭을 기르게 하면 어떤 결과를 얻으려나. 키우며 관찰하는 동안 장닭의 약자 섬김을 배우고, 텃세를 부리는 닭들에게서는 자신들의 모습이었음을 깨닫게 되지 않을까. 그리하여 괴롭히는 사람이 아닌 도움을 주는 사람으로 거듭나기를 바란다면 엉뚱한 처방일까. 인성을 가졌을 테니 적어도 축성으로 남지는 않으리라."

― 〈장닭〉 중에서 ―

작가는 장닭에다 인간사를 투영하고, 삶까지도 포갠다. 작가는 장닭의 희생과 헌신의 미덕에서 교육적 가치를 발견한다. 그리고 아이들의 폭력 문제를 결부시킨다, 닭이 하는 것을 보고 약자 섬김의 자세를 본받아 텃세를 부리는 아이들이 뭔가를 느낄 수가 있다면 하는 생각도 해 본다. 장닭의 생태는 스스로의 눈으로 자신을 응시하기 위한 수단이 된다. 따라서 이 수필은 교훈적인 삶의 향취를 풍긴다고 하겠다. 닭의 섬김과 텃세를 연결시켜 아이들의 폭력 문제를 정서적으로 풀어낸 것은 배명란 작가의 탁월한 문학적 재능을 뒷받침한다고 하겠다. 이런 관조가 문학적 성과를 거두는 이유는 뭘까. 모든 것이 구족한 환경에서 문학은 설 자리를 잃는 법이다. 욕망이 좌절되고 꿈이 상처를 입을 때, 사람들의 마음에 정서가 생겨나는 것이다. 작가가 풀어내고 있는 이야기보따리는 도시 사람들에게는 놀라움을 안겨 준다. 닭은 사위의 보신으로만 알고 있을 정도로 아직도 도시인에게는 낯설다. 청소년들의 폭력은 금방 터져 버릴 것 같이 아슬아슬하다. 죽음의 위기로까지 몰고 가는 폭력 문제를 유년 시절의 기억을 소환하여 치료제로 쓰려는 마음씨도 그 구성 전략도 대단해 보인다.

괴롭힘에서 벗어나지 못하고 당하기만 하는 사회적 약자가 겪어야 하는 심리적 불안과 애환을 어찌 이 수필만큼 절절하게 표현할 수 있을까. 절제된 감정으로 서글픈 현실을 아프게 터치한 부분이 공감을 자아낸다. 어떻게든 더 나은 세계를 지향하는 배명란의 글쓰기는 인간적 향기를 보여 준다. 폭력으로 고통스러워하는 아이들의 모습을 오래 지켜봐야 했던 배명란에게 장닭의 약자 보호정신이 각인되는 것은 당연한 일이다. '나긋나긋하고 향긋한 산나물 같은 아이들로 다시 태어나게 할 수는 없을까.'라는 표현은 폭발적인 정서적 환기를 불러일으킨다. 교육자적 인성을 간결한 문학어로 처리한 대목에서 작가적 역량을 엿볼 수 있다. 설명하기보다는 구체화로 묘사하려고 노력하는 작가정신을 만날 수 있다. 언어의 디자이너를 연상케 할 정도로 배명란의 글은 실감과 함께 상상력을 주면서 손맛을 느끼게 한다. 감정의 절제를 통해 품격을 갖추려고 한 것도 좋았다. 그는 우리의 몸과 마음에 신선한 바람을 채워 주는 작가이다.

"요즘은 산업 현장처럼 동물 사육장도 분업화되어 있다고 한다. 새끼 돼지도 전문 종돈장에서 생산하고 있으니 우리 집의 새끼 돼지 실패담은 옛날이야기가 아니랴. 도시의 골목 상권이 사라지듯이 타산이 맞지 않는 농가의 소규모 가축 기르기도 설 자리를 잃었을까. 사라진 집짐승 소리와 아이들 소리 다음으로 어르신 발걸음 소리마저 끊기는 것은 아닐지 걱정이 된다. 추억 속 내 유년의 고향은 언제나 살아 움직이듯이 농촌의 활기도 다시 살아 넘치기를 바란다."

― 〈양돈기〉 중에서 ―

배명란은 〈양돈기〉를 통해 어릴 때 들을 수 있었던 소리를 찾아 나선다. 그녀의 내면에는 영롱한 소리들로 가득 차 있다. 배명란 문학을 이루는 또 하나의 견고한 줄기는 근원에 대한 본능적 편향성, 전통성의 지향이다. 그 그리움의 귀착지는 마을의 소리다. 이 수필은 사라져 버린 소리들, '사라진 집짐승 소리와 아이들 소리 다음으로 어르신 발걸음 소리'를 소환하는 글이다. 한마디로 토포필리아 수필이다. 이는 그만의 독특한 정서라기보다 모든 타향살이 사람들의 가슴속에 공통적으로 존재하고 있는 것이다. 거의 대부분 수필들이 귀소본능을 기반으로 하고 있으며, 존재의 근원에 대한 인식을 바탕으로 직조되고 있다. 어떤 경우든 삶을 윤택하게 하는 것은 인간의 순수라는 사실을 부정하지 않는다. 이 사실은 작품 〈닭 농사〉, 〈행복지수 높이기〉, 〈내 삶을 지키는 단어〉, 〈소고삐를 잡다〉 등이 입증한다. 사람들은 물질적 변혁만 이루면 인간이 안고 있는 모든 아픔이 허물을 벗고 한순간에 환한 모습의 꽃으로 피어날지 모른다고 착각한다. 그러나 눈에 드러나는 현란함은 한때 사람들을 현혹시킬 수는 있지만, 그 자체가 완전한 행복의 실체는 아니다. 물질만으로는 생명을 틔울 수 없고, 진정한 가치를 창조하기 위해서는 무한대의 '정'이 필요하다는 사실을 깨닫게 된다. 배명란의 수필적 정서는 이러한 향토성에서 비롯된 인간적 향기라 하겠다.

III. 로그아웃

세상의 모든 것이 배명란의 수필 안에 놓여 있는 소도구다. 사랑도 아픔도 이 안에 어우러져 있는 일종의 소품이라고 볼 때, 수필은 하나의 우주다. 수필을 쓸 때 무엇보다도 중요한 것은 공감의 터전을 마련하는 일이다. 먼저 그 대상과 하나가 되어, 서로의 체온을 나누어야 된다. 배명란 수필의 강점은 사건이나 사람 그리고 사상에 대한 묘사와 단상이 마치 그림을 보여주듯 매우 구체적이다. 수필을 쓸 때 여러 가지 자연물이 소재가 되는 수가 많다. 그만큼 수필은 이 세상에 있는 온갖 자연물을 대상으로 하여 써진 문학이며, 자연물을 문학화하여 표현한 것이 수필이라고 할 수 있다. 때문에 자연물을 소재로 수필을 쓰고자 할 때는 우선 자연과의 일체감을 갖는 일이 중요하다.

인간에게 소중한 것은 자신의 삶이 갖는 의미에서 스스로 만족하는 것이다. 그 충족의 기쁨이 없는 삶은 무의미한 것에 지나지 않는다. 이 수필집은 인간적 삶의 소중한 경험이요, 수필가는 그 경험의 전파자다. 문학은 자신도 정화해야 하고 시대도 정화해야 한다. 사람이 사람답게 살아가야 하는 길을 비추는 등불이어야 하고, 동시에 현대인이 살아가는 사회 현실을 비추는 거울이 되기도 해야 한다. 이런 차원에서 본다면 배명란의 작품은 자신을 구원하는 글로써 거울 같은 작품이면서 동시에, 그의 수필은 등불 같은 수필이다. 자기 자신의 정체성을 찾아 자신의 반성적 성찰대 위에 세우는 일이나 그 시대를 살아가는 소외된 사람들과 동행자가 되어 숨겨진 그들의 아름다운 진실을 캐내는 일도 모두 중요한 일이다. 이런 면에서 이들의 작품들은 나름의 역할을 다하고 있다. 잊고 있었던 자기에 대한 응시를 통해 무거운 아집을 버리는 일이나, 꽃씨를 갖고 빈터를 찾아내는 것 모두가 수필가다운 면모를 보이는 일이다.

자연과 생명, 자아에 대한 천착은 바로 중심 바깥으로 던져진 존재의 한계를 역설적으로 드러낸 삶의 변증이다. 그녀의 수필이 주는 맛은 삶과 세계에 대한 깊은 성찰에서 길어 올린 언어가 진정성의 분위기를 띤다는 데 있다. 배명란의 글은 '지금, 현재, 여기'를 지향하면서 '있어야 할 것'들에 관심을 놓고, 수필의 주제 지향성을 '생태'와 '생명'으로 설정한 것은 매우 바람직한 일이 아닐 수 없다. 문학 행위는 대상에 대한, 세계에 대한 인식행위이기 때문이다. 따라서 우리는 그녀의 인식 대상과 행위가 바로 사회 현실이고 역사 현실이라는 점에 주목해야 한다. 프란츠 알트가 생태학과 경제학 간의 결합이라는 문제의식을 단순한 이론 차원이 아니라 구체적인 현실 상황 속에서 접목시키고 있는 차원에서 그녀가 생태에 주목한 것은 당연한 처사다. 위에 다뤄진 작품들이 인간을 중심으로 하는 자연환경의 관점이 아닌 모든 생명체와 인간이 동일한 가치 선상에 있다는 생태 자연의 관점으로 제 만물을 이해하고 있다는 것은 수필가의 의식이 그만큼 높아졌다는 것을 의미한다.

결론적으로 배명란은 생태주의라는 주제에 맞게 제재를 하나로 통일하고, 정서의 객관화를 통해 주제를 구체화해서 인식의 보편성을 추구하는 기법으로 좋은 수필을 탄생시켰다고 하겠다. 문학이 문학다워야 한다는 것은 언어예술로서의 문학 정체성을 작가가 확고히 인식하고 있다는 의미다. 어쨌든 생태와 생명에 대한 의식이 절실한 이때, 배명란 수필가가 생태라는 본질적 문제에 눈을 떴다는 것은 의미 있는 일이라 하겠다. 토속적이며, 전통적인 우리 것의 미학성 찾기에도 눈길을 줄 뿐만 아니라 잃어버린 시간 속에서 당위적 명제와 진리를 찾고 있기에 그녀의 글은 품맛과 손맛, 그리고 눈맛까지 두루 낸다. 수필가의 정신적 건강함이 한국 수필의 새로운 활로를 열어 주길 바라며, 이번 출판을 계기로 해서 더욱 훌륭한 작가로 성장하길 기대한다.

배명란 수필집
서래섬의 실루엣

지은이 · 배명란
펴낸이 · 이종기
펴낸 곳 · 세종문화사
편집 주간 · 김영희

주소 · (03740)
　　　서울 서대문구 통일로 107-39, 223호
　　　E-mail : eds@kbnews.net
등록 · 1974년 2월 10일 제9-38호
전화 · (02)363-3345
팩스 · (02)363-9990

제1판 1쇄 발행 · 2019년 10월 30일

ISBN 978-89-7424-153-7　　03810

값 15,000원

이 도서의 국립중앙도서관 출판 예정 도서목록(CIP)은
서지정보유통지원시스템 홈페이지(http://seoji.nl.go.kr)와
국가자료종합목록 구축시스템(http://kolis-net.nl.go.kr)에서
이용하실 수 있습니다. (CIP제어번호 : CIP2019039241)